LA ESCUELA DE LA GRANDEZA

LEWIS HOWES

LA ESCUELA DE LA GRANDEZA

Aprende de los mejores y supera tus propias expectativas

DIANA

Título original: *The School of Greatness*

Esta traducción es publicada por acuerdo con Rodale Books, un sello editorial de Random House, una división de Penguin Ramdom House LLC

Traducción: José Ruíz Millán

Diseño de portada: Planeta Arte & Diseño / Estudio Peri
Fotografía del autor: © Nick Onken
Derechos reservados

© 2022, Editorial Planeta Mexicana, S.A. de C.V.
Bajo el sello editorial DIANA M.R.
Avenida Presidente Masarik núm. 111,
Piso 2, Polanco V Sección, Miguel Hidalgo
C.P. 11560, Ciudad de México
www.planetadelibros.com.mx

Primera edición en formato epub: julio de 2022
ISBN: 978-607-07-8990-8

Primera edición impresa en México: julio de 2022
ISBN: 978-607-07-8912-0

Impreso en los talleres de Litográfica Ingramex, S.A. de C.V.
Centeno núm. 162-1, colonia Granjas Esmeralda, Ciudad de México
Impreso y hecho en México - *Printed and made in Mexico*

A mi familia:

este libro es para ustedes,

Diana, Ralph, Chris, Heidi y Katherine.

Gracias por motivarme para perseguir mis sueños,

por ser mis guías espirituales, por mostrarme cómo servir

al mundo y por enseñarme decencia, paciencia

y, sobre todo, amor.

ÍNDICE

PREFACIO

Naciste con potencial.

Naciste con bondad y confianza. Naciste con

ideales y sueños. Naciste con grandeza.

Naciste con alas.

No fuiste hecho para arrastrarte, así que no lo hagas.

Tienes alas.

Aprende a usarlas y vuela.

RUMI

Durante los últimos años he sido el hombre más afortunado del mundo. Cada semana mi trabajo ha consistido en estudiar en una exclusiva universidad de élite —aunque no oficial—, una academia mítica en donde los hombres y las mujeres más grandiosos del mundo enseñan, dan conferencias y devuelven los favores que recibieron; un lugar en donde a su vez comparten el increíble conocimiento que han acumulado en el camino que les ha llevado a ser los mejores en lo que hacen.

Mis profesores fueron medallistas olímpicos, músicos premiados, autores que figuran en la lista de *bestsellers* del *New York Times,* activistas y filántropos que cambiaron el mundo, empresarios increíblemente exitosos, y expertos y pensadores inspiradores. Tuve la fortuna de estudiar con ellos, de asistir a sus clases y de aprender cosas de cada uno de ellos que llevaré conmigo por siempre. Considero que esta educación es el mejor regalo que he recibido.

En el fondo, todos creemos que existe algo así en algún lugar —eso *esperamos*—, pero no sabemos dónde encontrarlo o cómo conseguirlo. Nuestro mundo está lleno de información y datos, a diferencia de lo que sucedía en cualquier otro momento de la historia, y eso nos ha embriagado a muchos de nosotros. Podíamos escribir cualquier cosa en la barra de búsqueda de Google y obtener millones de resultados en una millonésima de segundo. Podíamos elegir un tema y perdernos en el laberinto de Wikipedia por horas, cuando no días enteros. Pero al final, la información que solo servía para saciar la curiosidad no era suficiente. Necesitábamos algo más. Queríamos saber cómo aplicarla en el mundo y en nuestras vidas. Queríamos conocimiento y sabiduría, no solo unos y ceros. Creemos que podemos encontrarlos en lugares como el Foro Económico Mundial de Davos. O en Summit Series. O en TED. He asistido a varios de estos foros y eventos, pero honestamente no se acercan ni un poco a lo que he experimentado en los últimos años.

El lugar del que te hablo se parece más a la caverna de Platón que al círculo rojo en el escenario TED. Mis increíbles mentores no hablaban por 18 minutos y después se esfumaban; estaban sentados frente a mí, literal y virtualmente, y me sacaron de las sombras para llevarme hacia la luz del conocimiento verdadero. ¿Cómo ocurrió? Aún no estoy del todo seguro, pero hay algo que sí sé: ellos alimentaron mi pasión para sentarme frente a ti, a través de las páginas de este libro, y compartirte su conocimiento.

Llamo a este lugar la Escuela de la Grandeza.

No es una escuela común y corriente. No hay aulas. Tampoco hay tareas, ni un director que haga que se cumplan las reglas o que pase asistencia. Nadie paga una cuota de inscripción, salvo el costo de este libro. Algunos de los «maestros» sentirían rechazo al escuchar que los llamo así. Y cuando por fin salgamos de nuevo a probar suerte en el mundo real, sin duda no habrá una ceremonia de graduación ni un diploma.

Para ser claros, esta escuela es grandiosa no porque acepte solo a estudiantes grandiosos, sino porque los profesores ya lo son y los alumnos quieren serlo. Todos ellos tienen sueños grandiosos, y como dijo Wilma Rudolph, la campeona olímpica que alguna vez fue la mujer más veloz del mundo: «Nunca subestimes el poder de los sueños y la influencia del espíritu humano. Todos somos iguales desde este punto de vista: el potencial de grandeza vive en cada uno de nosotros».

En la Escuela de la Grandeza aprenderás a reconocer y aprovechar ese potencial. Llegarás a entender la importancia de los sueños y las herramientas que existen en tu interior para hacerlos realidad. La Escuela de la Grandeza no es una bolsa llena de trucos y atajos. Tampoco es un campo de entrenamiento militar. Es un estilo de vida, una forma de vivir. Cuando quieres bajar de peso y mantenerte así, no haces una dieta, porque las dietas se basan en restricciones artificiales. Son un martirio. En vez de eso, lo que haces es cambiar tu estilo de vida para que se corresponda con tus metas. En esto es lo mismo. la Escuela de la Grandeza es un estilo de vida para toda la vida, de manera que llegues a amar la tuya.

Al igual que los demás profesores y estudiantes de la Escuela de la Grandeza, he perseguido grandes sueños durante toda mi vida. Desde que tengo memoria, siempre quise ser All-American, es decir, estar entre los mejores deportistas universitarios. Al haber crecido en Ohio, y seguir creciendo hasta medir 1.93 metros, era obvio que jugaría futbol americano en la Universidad Estatal de Ohio. Ese era el sueño de todos los niños en Ohio, y todo lo que hice durante mi infancia y adolescencia tuvo como objetivo cumplir este propósito. No hubo un solo día en el que no pensara en ello y no trabajara para conseguirlo... y lo logré, más o menos. Asistí a una pequeña universidad en Ohio y después me transferí en dos ocasiones a otras universidades para tener más (y mejores) oportunidades, e incluso batí varios récords mientras tanto. Pero no fue hasta mi último año cuando cumplí mi sueño de ser uno de los mejores atletas del país... en decatlón, una disciplina para la que nunca me había entrenado. ¡Jamás me hubiera imaginado que algo así pasaría!

En cuanto cumplí la meta de ser All-American —la primera vez en decatlón y un año más tarde en futbol americano—, mi sueño empezó a perder brillo y yo no sabía por qué. Había cumplido mis objetivos, y llegué más lejos de lo que muchas personas esperaban, pero eso no me servía de consuelo. En una fiesta que se organizó para celebrar mis logros, un momento que debía haber sido mi mayor triunfo, me sentía miserable. No podía disfrutarlo porque ya tenía otro objetivo ante mí: ser jugador profesional. Poco después tuve que hacer una prueba frente a una docena de *scouts* de la NFL en un campo techado de la Universidad Estatal de Ohio, la escuela con la que había soñado en el pasado, junto a varios jugadores que en el futuro jugarían en la NFL e incluso uno que llegaría a ser jugador más valioso en el Super Bowl. Lo hice bien, pero, al venir de una escuela pequeña, tenía pocas posibilidades de ser seleccionado. Un equipo de la Arena Football League, que es técnicamente futbol americano profesional, me dio una oportunidad; sin embargo, a causa de una serie de lesiones constantes y rehabilitaciones complicadas, apenas pude jugar un año.

De repente mis sueños de gloria y fama se esfumaron. No fue agradable. Tenía 24 años, estaba acabado, sin dinero, y dormía en el sillón de mi hermana con el brazo enyesado y una montaña de deudas en mi tarjeta de crédito. No tenía sueños, lo que estaba viviendo era una pesadilla... y temía que fuera una de la que nunca despertara. Fue el punto más bajo que he experimentado en mi vida.

Lo que veo ahora, en dolorosa retrospectiva, es que no estaba persiguiendo en específico el sueño de ser All-American o de llegar a la NFL; esas eran metas aisladas. Mi verdadero sueño era enorme: quería ser grandioso. Y lo que me faltaba en la vida, acostado en ese sillón, con una muñeca fracturada y sin dinero en la cartera, no era habilidad o talento; era un propósito más elevado, la sensación de estar trabajando y esforzándome por algo más importante que yo mismo.

Sabía que quería mejorar y tenía mucha energía y pasión, pero nada en lo que invertirlas. Tenía que hacer algo. Así que pedí ayuda: me puse en contacto con amigos míos, amigos de mi familia, entrenadores y hermanos. Un nuevo mentor me sugirió echar un vistazo a LinkedIn, una red social que en 2008 apenas empezaba a ser popular entre empresarios y trabajadores. Vi que tenía mucho potencial para entrar en contacto con dueños de empresas o CEO a los que de otra manera nunca habría podido conocer. Así que empecé a mandarles mensajes y a contactarlos como loco. Al principio me acerqué a personas que trabajaban en deportes porque yo mismo acababa de vivir mi experiencia en ese sector. Tenía un mensaje positivo que compartir, me encantaba ayudar a la gente y me entusiasmaba la idea de convertirme en eso que Malcolm Gladwell llama un «conector».

Al final hice de mi presencia en LinkedIn un negocio bastante lucrativo en el que daba pláticas, asesoraba y enseñaba. Era un novato en los negocios *online,* pero tenía buenas intuiciones y estaba dispuesto a trabajar duro. Cuando seguí los consejos de mis mentores, el dinero empezó a fluir. Después de un periodo inicial de aprendizaje, en mi primer año conseguí cerca de un millón de dólares en ventas. Para el tercer año, esa cantidad casi se había duplicado. Al final, mi socio compró mi parte del negocio por un monto de siete cifras.

Ahí estaba: aún no cumplía 30 años y ya tenía más dinero del que hubiera visto nunca antes, tras haber convertido una visión en un negocio exitoso y de paso haberme reinventado como empresario. Con un poco de ayuda y trabajo duro, estaba en la cima del mundo de nuevo. Ese debió haber sido otro momento de éxito —construí un negocio de la nada y lo aumenté a escala—, pero aun así me atormentaba un llamado por conseguir algo todavía más grande. Sabía que me faltaba una pieza.

Uno de mis maestros, el escritor y periodista Steven Kotler, definiría después la grandeza como «despertar todos los días pensando: "Bien, hoy voy a mover montañas"». Eso era lo que quería. Esa era la persona que quería ser.

Así que empecé desde cero, esta vez con la idea de buscar algo más grande, dado que no lo había encontrado en los indicadores estereotipados de éxito. En enero de 2013 decidí empezar a entrevistar a los hombres y las mujeres más inteligentes, exitosos y *grandiosos* del mundo para hacerles todas las preguntas que pudiera. Quería relacionarme solo con personas que entendieran lo que significaba esforzarse para alcanzar la grandeza, que despertaran todos los días con la intención de mover sus respectivas montañas, que contribuyeran a devolver el favor que recibieron ayudando a otras personas a mejorar su situación. Mi motivación era en parte egoísta —quería saciar mi sed de conocimiento sobre cómo ciertas personas buscan y alcanzan una posición social más elevada—, pero también quería que mis lectores y mi público tuvieran acceso a esa grandeza. ¿De qué servía la grandeza si no la compartía?

La respuesta del público fue sorprendente. Mi pequeño pódcast *The School of Greatness* tuvo una audiencia muy amplia, con más de cinco millones de descargas antes de los primeros dos años y cientos de miles de visitantes únicos cada mes. En un mundo en el que parece haber una infinidad disponible de pódcast, *The School of Greatness* ha estado en la página principal de iTunes más de 10 veces e incluso llegó a ser el número uno en la lista de negocios y salud de la plataforma.

Las lecciones de la escuela no solo estaban teniendo una gran repercusión entre mis escuchas y lectores, sino que mientras las transmitía también cambiaron mi vida. Son las lecciones que me hubiera gustado oír y entender a los 16 años, cuando me esforzaba por dar sentido a mis habilidades atléticas y lidiaba con una tensa y en ocasiones terrible vida familiar. Es a lo que me hubiera gustado poder recurrir cuando, tras abandonar el podio de los All-American, caí en una espiral de depresión y dolor. Me habrían ayudado a aprovechar mejor mi oportunidad en los deportes profesionales y a ahorrarme cientos de miles de dólares por costosos errores en los negocios.

Esas lecciones constituyen el núcleo de este libro. Las lecciones que encontrarás aquí no son mías; son los apuntes que tomé en una escuela única y maravillosa. Yo solo he tenido la fortuna de ser su mensajero. Mientras escribía, me di cuenta de que existe una gran tradición de este tipo de libros. Desde la *Ética,* de Aristóteles y las *Disertaciones,* de Epicteto, los cuales datan de hace más de dos mil años, hasta un libro más reciente como *De cero a uno,* escrito por Peter Thiel, los grandes pensadores no escribieron sus propios libros: lo hizo un estudiante. Lo que ha llegado hasta nosotros son las notas de una clase genial a la que no tuvimos la suerte de asistir en persona. Los clasicistas tuvieron la bondad de acreditar la autoría de sus maestros, y espero que entiendas este libro del mismo modo. Aunque mi nombre está en la portada, los nombres de mis maestros también deberían estar ahí. No pude haberlo escrito sin ellos, y es con el agradecimiento más profundo que comparto su sabiduría.

INTRODUCCIÓN

¿QUÉ SE NECESITA PARA SER GRANDIOSO?

> La grandeza es una condición espiritual capaz de despertar amor, interés y admiración; y la prueba visible de que poseemos grandeza es despertar amor, interés y admiración.
>
> MATTHEW ARNOLD

Soy un buen atleta; sin embargo, hay innumerables personas que son mejores de lo que yo seré jamás. En el ámbito deportivo, la gimnasta olímpica Shawn Johnson logró más cuando apenas era una adolescente de lo que yo lograré en mi vida. Me fue bien en los negocios, pero personas como Ángel Martínez, CEO de la multimillonaria marca de zapatos Deckers, o Tim Ferris, quien al igual que yo es empresario en el área de estilo de vida y además es inversor de proximidad, no se preocupan porque alguien como yo los alcance. No estoy hablando solo de la grandeza que puede ser medida y evaluada de acuerdo con un estándar universal; me refiero a la grandeza que hay en explorar, realizar y mantener tu potencial, es decir, el tipo de grandeza individual y única que todos podemos alcanzar.

La grandeza, según he aprendido de personas como Shawn, no consiste en «estar parado en la cima del podio con una medalla dorada alrededor del cuello». Se trata de inspirar a las personas, de compartir un mensaje y de creer que este cliché es verdadero: lo importante es el viaje, no llegar a un destino que consideramos valioso o a ser adulados en un momento dado. De hecho, hay millones de maneras de ser grandioso y millones de cosas en las que se puede ser grandioso. La mayoría de ellas no van acompañadas de una medalla de oro o un cheque. Reflexiona acerca de esta lista.

- Ser padre
- Ser artista
- Ser generoso
- Ser líder
- Ser agente de cambio
- Ser defensor de una causa
- Ser saludable
- Ser emprendedor
- Ser servicial

Todos estos son sueños maravillosos en los que la grandeza es un fin valioso que está a nuestro alcance. Quienes han llegado a ser grandiosos en cualquiera de ellos, sin importar los diplomas que cuelguen en sus paredes o los trofeos que se acumulen en sus repisas, son personas de las que podemos aprender. En este libro aprenderemos de personas que subieron al podio, literal y figurativamente, pero que también fueron grandiosas en estos ámbitos. Son personas que personifican la excelencia en muchos aspectos de su vida y cuyas técnicas podemos usar en la nuestra.

Como me dijo Shawn: «Ser grandioso significa sentirte orgulloso, contento contigo mismo, sabiendo que te esforzaste al máximo por conseguir algo y que no podrías haber hecho nada más. Eso es la grandeza». Es cultivar el carácter y unos hábitos que no solo conducen al éxito, sino que también te ayudan a sobreponerte ante cualquier reto o adversidad. Se trata de levantarte de la desesperanza más profunda y tomar las riendas para realizar tus sueños con *mindfulness,* felicidad y amor. Es una progresión en una serie de lecciones, ocho áreas en las que debes enfocarte para conseguir una mejora continua.

1. CREA UNA VISIÓN. La mayoría de los grandes atletas hablan de su habilidad para visualizar el resultado que desean en una competición. Saben lo que quieren y a dónde quieren ir. Es parte de su procedimiento tanto como lo es cualquier otro aspecto de su entrenamiento. El famoso entrenador Lee Strasberg lo expresó mejor que nadie: «Si no podemos ver la posibilidad de la grandeza, ¿cómo vamos a soñarla?». Y bien, ¿cuál es tu sueño?

2. CONVIERTE LAS ADVERSIDADES EN VENTAJAS. Es difícil encontrar una historia en la que alguien logre grandes cosas sin enfrentar ninguna adversidad. Y si echas un vistazo más de cerca, verás que esas adversidades lo ayudaron, colocándolo en el camino hacia una forma de grandeza única y propia. ¿A qué desafíos te enfrentas y cómo puedes aprovecharlos para desarrollar tu grandeza?

3. CULTIVA UNA MENTALIDAD DE CAMPEÓN. ¿Qué se necesita para ser un campeón y cómo ve un campeón el mundo que está intentando conquistar? La visualización, la meditación, el *mindfulness* y la inteligencia emocional son herramientas que te ayudan a entender quién eres y dónde estás en un momento dado de tu vida, además de permitirte encontrar alegría y satisfacción al instante. Ahí es donde la grandeza hunde sus raíces. ¿Cómo puedes ver el mundo a través de los ojos de un campeón?

4. TRABAJA DURO. Todos nos enfrentamos a obstáculos y puede parecer que nos espera una abrumadora cantidad de tareas por hacer. Muchos se quedan atorados al llegar a ese muro, pero lo que distingue a los grandes del resto de nosotros es que ellos pueden reducirlo a una barrera, transformándolo en algo que son capaces de saltar con facilidad. También es importante no dejar de trabajar nunca, incluso después de haber alcanzado una meta. ¿De dónde obtendrás tu esfuerzo y tu energía?

5. DOMINA TU CUERPO. Nadie elige el cuerpo con el que nace, pero casi todos tienen la capacidad de desarrollar y mantener su condición física más allá de lo imaginable. Se trata de pensar como un campeón, entrenar como un campeón y comer como un campeón. ¿Te estás cuidando?

6. PRACTICA HÁBITOS POSITIVOS. ¿Cuántas horas toma *exactamente* dominar algo y ser grandioso? El número en sí no es tan importante, pero sucederán grandes cosas si practicas una habilidad una y otra vez. Es necesario desarrollar hábitos positivos para conseguir los objetivos que te propongas. Además, creer profundamente en algo que pueda sostener esos hábitos, ya sea la religión, tu comunidad o tu familia, es un ingrediente clave en la receta de la grandeza. ¿Qué hábitos positivos puedes incorporar a tu vida diaria?

7. CONSTRUYE UN EQUIPO GANADOR. No puedes alcanzar la grandeza solo, así de simple. El éxito es un proceso compartido. Es un requisito encontrar al mentor correcto y aprovecharlo al máximo. Lo mismo sucede cuando se trata de formar un equipo de compañeros, empleados, seguidores y fans. El éxito se basa en construir relaciones saludables y productivas —no solo con tus iguales en el ámbito en el que te vas a desempeñar, sino con aquellas personas que son realmente capaces de plantearte un desafío— en todos los aspectos de tu vida. ¿Qué aliados necesitas?

8. VIVE UNA VIDA DE SERVICIO. Cuando hablamos de grandeza, los trofeos, los anillos o las cuentas bancarias llenas de dinero tienen una expectativa de vida útil muy breve. Varios estudios han demostrado que las personas más felices y prósperas son aquellas que pasan su tiempo devolviendo parte de lo que reciben, ayudando a otros y participando activamente en su comunidad. De hecho, los mejores regalos son los que das; hacen que tus propios logros sean mucho más satisfactorios. ¿Cómo vas a colaborar y a ayudar a los demás?

Este libro es una versión concentrada de las ocho lecciones sobre la grandeza que he descubierto a lo largo de mi trayectoria, con ayuda de mi red de mentores y entrenadores, colegas y maestros. Al estudiar la grandeza de esta manera, aprenderemos que se trata de un proceso de educación continua y de realización personal. Seguiremos con él por el resto de nuestras vidas.

Si eres como algunas de las personas que escuchan mi pódcast o como mucha gente que lee libros como este, seguramente dirás: «Todo esto suena bien, pero ¿qué me ayudará a lograr este libro?». Es una buena pregunta. No estoy aquí para hacerte perder el tiempo con falsas promesas.

Lo que la Escuela de la Grandeza te enseñará es, antes que nada, qué tienes tú de grandioso y especial. La mayoría de las personas creen que la grandeza o ser grandioso es algo externo a ellos, algo que se consigue o que agregan a lo que ya son. No es así; la grandeza es algo que nace y se cultiva desde el interior. Las lecciones y los maestros de la Escuela de la Grandeza te ayudarán a encontrar la grandeza dentro de ti.

Este libro te ayudará a insistir en la búsqueda de la grandeza: ya seas atleta, emprendedor, mamá, organizador, *freelancer* o diseñador, aprenderás a encontrar la pasión que llevas en tu interior. Según dicen, «ver es creer», pero a veces tampoco eso es suficiente. A veces hay que convencer a las personas. Necesitan una inspiración para tener una visión y, sobre todo, para seguirla a pesar de las adversidades y los incontables obstáculos repentinos. Yo tuve la fortuna de que grandes hombres y mujeres sacaran todo el potencial que tenía dentro, y ahora tú, yo y todas las personas que lean este libro nos esforzaremos para llegar a ser nuestra mejor versión posible... juntos.

ATERRIZAR

Antes de hacer casi cualquier cosa, me gusta tener lo que yo llamo un momento de «aterrizaje». Mi primera experiencia con este procedimiento fue en los deportes. Antes de cada juego, el entrenador nos preparaba para la batalla que nos aguardaba ayudándonos a aclarar nuestros pensamientos y a adoptar la actitud mental correcta. Yo lo llamo aterrizar. Es entonces cuando me comprometo con mi visión, me conecto con quien soy y me enfoco en lo que estoy tratando de crear en ese momento. Es posible que ya tengas momentos de aterrizaje en tu vida diaria y ni siquiera lo sepas. Ya sea al meditar en la mañana para prepararte para el día, guardar un momento de silencio, decir una oración antes de la comida o mentalizarte antes de un juego, de un discurso, de hacer una venta o de cualquier otro momento importante en la vida, es extremadamente importante que encuentres espacio mental para hacer el ritual de tu elección.

Este proceso de aterrizaje es fundamental para tener éxito cuando apliques en tu vida las lecciones de este libro. En realidad, es fundamental para tener éxito en general. Si no te tomas un momento para visualizar claramente los resultados que quieres crear, es menos probable que logres lo que deseas. Se trata de establecer tus objetivos para lo que quieres. Aterrizar es una de las cosas más poderosas que puedes hacer si aplicas este procedimiento en cada momento de tu vida diaria.

Cada capítulo comenzará con mi declaración personal de aterrizaje para explicarte qué intención tengo para ti en ese apartado y que así estés preparado para lo que vendrá a continuación. Cuando mis entrenadores nos aterrizaban antes de un juego, eso siempre me daba la tranquilidad y la confianza que necesitaba para enfrentarme a mis competidores más desafiantes. Quiero darte esa tranquilidad y esa confianza. Hay retos y obstáculos que se interponen en tu camino a diario, y aterrizarlos en la mañana y antes de cualquier momento importante es un hábito que sé que te ayudará inmensamente.

La Escuela de la Grandeza es, en todas sus partes, un marco estratégico para conseguir un éxito real, sostenible y replicable.

El objetivo de este libro no es que te sientas cómodo y relajado, sino darte herramientas, conocimiento y recursos prácticos para convertir tu visión en realidad.

¿Quién eres?
¿Qué representas?
¿Cuál es tu sueño?
¿Qué tipo de legado quieres crear?
¿Cómo podemos llegar a ser grandiosos juntos?

ATERRIZANDO

En este capítulo sobre la visión, quiero que sueñes. Permítete despejar tu mente y ver todo como una posibilidad: ningún sueño es demasiado grande o loco. Imagina cómo quisieras que fuera tu vida si no hubiera posibilidades de fracaso. Libérate de lo que los demás quieren para ti, de lo que la sociedad espera de ti y de lo que crees que debes hacer porque es lo razonable y lo que «tiene sentido». Estás aquí para tener una vida extraordinaria. Piensa en lo que *tú* quieres hacer con tu vida y en cómo quieres vivir *tú*.

Las lecciones en este capítulo te darán permiso para diseñar la vida que siempre has soñado al mismo tiempo que vives sin arrepentimiento. Los ejercicios que encontrarás al final te ayudarán a practicar las lecciones, y hay ejercicios en los siete capítulos que siguen a este. Si eres como yo era antes, seguramente te verás tentado de saltarte los ejercicios porque parecen «trabajo»; sin embargo, ese es el punto. Puede que sea un procedimiento incómodo, pero al final te mostrará cómo puede ser tu vida si eliges vivir en un mundo donde «todo es posible».

Prepárate, amigo. Este es el inicio de un hermoso viaje, y yo te acompañaré en cada paso del camino.

1
CREA UNA VISIÓN

Lo único peor que estar ciego
es tener vista, pero no visión.
HELEN KELLER

La grandeza es mi pasión, pero la visión es mi obsesión. Permíteme explicarlo. Una visión clara puede desencadenar un poder extraordinario y asombroso. Se me conoce por ser demasiado intenso al hablar de este tema. Déjame contarte la historia de un hombre al que conocí; su nombre era Steve, me recordaba a como era yo de joven y seguramente se parece mucho a ti ahora. Para entonces, él tenía varios años de ser amigo de mi novia y ella quiso que nos conociéramos en una cena. Sostuvimos una plática trivial con toda esa serie de preguntas que haces cuando conoces a alguien: «¿De dónde eres y en qué trabajas?», y demás. Steve me contó que estaba estudiando una especialidad para ser doctor de terapia física y le faltaban seis meses para terminar. Como soy un atleta que ha sufrido varias lesiones durante su carrera, estoy familiarizado con la terapia física y de inmediato me interesé en lo que decía. Así que le pregunté:

—Steve, ¿qué quieres hacer cuando te gradúes? ¿Cuál es tu sueño?

Como haría cualquier persona que hubiera sido tomada por sorpresa con una pregunta así en una primera cita de amigos, respondió:

—No estoy seguro.

—Bueno, si pudieras conseguir cualquier cosa, ¿qué desearías? Si pudieras tenerlo todo, ¿qué elegirías?

Steve empezó a hablar sobre trabajar en el ejército y hacer terapia física con veteranos de guerra o soldados heridos. El sueldo y las prestaciones serían suficientes para mantener a su familia, y además el ejército de Estados Unidos tiene un hospital en Alemania, así que también sería una buena oportunidad para conocer mundo.

—Eso suena fantástico —le dije—. ¿Es lo que siempre has querido o hay algo más?

Steve no tardó en responder.

—Solía ser entrenador de futbol americano, así que me encantaría poder ser terapeuta en un equipo profesional y trabajar con grandes deportistas.

Ahora estaba hablando de algo que yo conocía muy bien, y comprendí que lo decía en serio.

—Es genial, Steve. ¿Es eso lo que realmente quieres?

Lo pensó un poco y después admitió:

—Ya sabes, en realidad es probable que eso requiera muchas horas de trabajo, quizás unas ochenta a la semana. Y tendría que empezar desde abajo. Demandaría mucho tiempo y energía, así que quizá trabajar en un equipo profesional sería solo una opción entre otras, mi plan B o el C.

—Bien, ¿así que no quieres trabajar para un equipo? —insistí. Estaba confundido—. Entonces, ¿qué es lo que *quieres* realmente? ¿Cuál es tu visión?

Me río cada vez que pienso en esa conversación porque me siento mal por Steve. Cuando ordenó su cena, no sabía que también recibiría un interrogatorio, y aún menos de alguien que parecía cada vez más frustrado con él. Y créeme, sí estaba frustrado, porque quería que se enfocara en lo que realmente quería hacer con su vida —lo que deseaba—, y en lugar de eso estaba enlistado cosas que podía hacer, pero que seguramente no haría. Es lo mismo que hacemos muchos de nosotros, quienes aún no hemos reconocido el verdadero potencial de grandeza que tenemos en nuestro interior.

Aprendí acerca del deseo, de la diferencia entre lo que *podemos* hacer y lo que *queremos* hacer y cómo descubrirlo, de la imparable Danielle LaPorte. Ella es una maravillosa conferencista motivacional y escritora que nos ha honrado con su presencia en el pódcast *The School of Greatness* en un par de ocasiones. La primera vez que nos acompañó dijo algo que aún hoy da vueltas en mi cabeza. «Necesitas deseo para sentirte vivo y necesitas visión para cumplir tus deseos», afirmó. ¡Qué increíble es eso!

Con *El mapa del deseo. Una guía para crear metas con alma,* publicado en 2014, Danielle cambió mi perspectiva sobre la visión y es la responsable de que haya pasado de ser un interés a convertirse en una obsesión. Ahora, cada vez que hablamos, ella me ayuda a perfeccionar y clarificar mi comprensión de la visión y el deseo. La última vez describió su libro así: «El objetivo de *El mapa del deseo* es ayudar a la mayor cantidad de gente posible a que aclare el núcleo de su deseo».

Era justo eso lo que estaba tratando de hacer con Steve: lo estaba empujando a ser claro acerca de lo que quería de la vida para que pudiera descubrir lo que deseaba hacer en realidad. Por fin habló en serio:

—Quiero tener un consultorio propio cerca de la playa. Y trabajar unas cinco horas al día. Así podré pasar tiempo con mi familia y estar ahí cuando me necesiten.

Esta es una visión: era práctica, real, y aunque al principio le había costado formularla de manera directa, ahora era evidente que hablaba con honestidad. Yo estaba impaciente por preguntarle cómo se sentía después de haberlo dicho en voz alta, pero no quería que su cena se siguiera enfriando, así que esperé al postre. Empezamos a comer y, entre bocados, Steve agregó un último pensamiento que resume a la perfección la razón principal por la que la gente no logra sobresalir en la Escuela de la Grandeza:

—Pero no sé si sea posible.

Sí, es completamente posible y no tiene nada que ver con la habilidad. Como dice el experto en liderazgo John Maxwell: «Las habilidades de las personas exitosas y las de las no exitosas no son muy diferentes; lo que es diferente son sus *deseos* de alcanzar su potencial» (la cursiva es mía). Sé que esto es cierto, y que el sueño de Steve es posible, gracias al tiempo que pasé con uno de los mejores maestros de la Escuela de la Grandeza: Ángel Martínez.

Conocí a Ángel Martínez en Goleta, California, en las nuevas oficinas de Deckers Brands, la compañía de zapatos global y multimillonaria, en rápido crecimiento, de la que es propietario. Escuché sobre Deckers del mismo mentor que me contó acerca de la potencia de LinkedIn, pero no sabía mucho del tamaño de la compañía ni de su historia antes de conocer a Ángel, el CEO. Por el aspecto de sus nuevas y bonitas oficinas, con paredes de cristal, adornos de madera y resplandecientes pisos de granito, asumí que les estaba yendo bien. Resultó que, al igual que millones de personas, yo estaba más familiarizado con dos de sus marcas más vendidas: UGG y Teva. Si piensas en la originalidad de esos zapatos y después conoces a Ángel, un hombre que parece más un músico de jazz que el directivo de una empresa, entiendes por qué el lema de Deckers es «Queremos inspirar lo inusual».

Ángel tomó una ruta inusual hacia la grandeza. Sería muy difícil encontrar a un empresario con una visión del mundo y una trayectoria como las suyas. Iconoclasta y una leyenda de la industria zapatera, Ángel fue uno de los fundadores de Reebok —su tercer empleado— y el catalizador del crecimiento exponencial de la compañía en los años ochenta. Se encargó en solitario de introducir a Reebok en el incipiente mercado de los aeróbics combinando estilo y funcionalidad en el primer zapato para mujeres que practicaban ese deporte. Gracias a las ventas de ese zapato llamado Freestyle, y a las nuevas líneas de tenis para correr y para jugar basquetbol, Reebok se convirtió en la compañía con el crecimiento más rápido en la historia hasta ese momento; además, alcanzó el primer puesto del mercado de zapatos deportivos en Estados Unidos, rebasando a Nike.

Después, Ángel fue directivo de Rockport Company, una filial de Reebok, antes de dejar la compañía para seguir sus propias ideas y pasiones. Más tarde ayudó a fundar Keen, una marca muy popular de calzado para alpinismo, y se unió a Deckers como máximo directivo, en 2005, cuando la compañía facturaba cerca de 200 millones de dólares en ventas. Bajo la supervisión de Ángel, en menos de diez años las ganancias de Deckers se han disparado hasta alcanzar casi 1500 millones de dólares anuales. Impulsada por su visión emprendedora, la compañía se ha expandido por todo el mundo, con tiendas propias, nuevas marcas y un crecimiento récord. Si la grandeza se basa en el conocimiento, la sabiduría y una visión única, Ángel es la encarnación de ese camino al éxito, un camino que él empezó a recorrer en la Cuba prerrevolucionaria.

Ángel nació en Cuba, en 1955, pero fue enviado a Nueva York a vivir con tutores cuando era un niño pequeño; nunca regresó a su país y nunca vivió de nuevo con sus padres. Su madre abandonó a su familia cuando él nació y, debido a la revolución de 1959, Ángel no pudo volver a ver a su padre en 34 años. Criado en una humilde vivienda al sur del Bronx por su tía y el esposo incapacitado de esta, siempre se sintió un intruso que no encajaba ahí.

Su primer contacto con la envidia que despertaban en él los zapatos ocurrió en la escuela, cuando deseaba tener unos tenis Converse Chuck Taylor All Star que cubrían los tobillos y que en su momento eran como unos Air Jordan. Para ser *cool* tenías que usar Cons. Costaban 6.99 dólares el par, pero habría sido lo mismo si hubieran costado un millón de dólares. Su tía estaba dispuesta a pagar 1.99 dólares por un par de tenis, que era el precio de los más baratos en Woolworth's, pero Ángel estaba determinado a tener sus Cons. Recolectó botellas y las vendió a dos centavos cada una hasta juntar suficiente dinero para comprarlos. Esos tenis eran tan preciados para él que caminó las cuatro cuadras que separaban la tienda de su casa apoyándose en el costado de sus pies para no ensuciar la suela.

«Fue un momento de revelación, una confluencia perfecta de obtener algo con lo que soñaba y que fuera tan bueno como esperaba o incluso mejor», recordó Ángel. «Fue la primera prueba de la capacidad que podía tener un producto para proporcionar bienestar emocional y psicológico».

LECCIÓN #1: SÉ ESPECÍFICO

Para Ángel, esta fue también la primera lección positiva acerca del poder de la visión. Más importante aún, fue una lección acerca del poder de una visión clara y específica. No es que quisiera cualquier par de zapatos, no le pidió a su tía «unos tenis *cool*». Sabía exactamente lo que quería: un par de Converse Chuck Taylor All Star de 6.99 dólares, de color negro, con agujetas blancas y puntera de hule. Tuvo un sueño tan vívido con esos zapatos que podía sentirlos en los pies y estaba dispuesto a hacer casi cualquier cosa para tenerlos.

Como escribió el galardonado novelista brasileño Paulo Coelho en su *bestseller El alquimista:* «Las personas son capaces, en cualquier momento de su vida, de realizar sus sueños». Y es mucho más fácil lograrlo cuando sabes con exactitud cuál es tu sueño. Puede parecerte raro que una meta tan pequeña como tener un par de tenis pueda ser considerada un sueño —quizá porque ninguno de nosotros ha tenido que trabajar tanto por una posesión material tan pequeña—, pero a Ángel, que creció en la pobreza en el Bronx, eso le sirvió para colocarse en el camino que siguió por el resto de su vida.

La historia de Ángel me dejó sin palabras. Desde que entré en el mundo de los negocios tras salir de la universidad, siempre supe que la visión era importante, pero ver el impacto que tuvo una visión clara en la vida de alguien fue transformativo para mí. No solo lo llevó a cumplir ese primer sueño —y de niño, además—, sino a moldear su vida entera. Si Ángel no se hubiera obsesionado con esos Cons al grado de recolectar botellas y venderlas por dos centavos durante meses para comprarse un par, ¿habría terminado en el negocio de los zapatos? ¿Habría sido uno de los empleados fundadores de Reebok o CEO de Deckers? Tal vez no. Ese es el poder de una visión clara y temprana.

Después de hablar con Ángel, empecé a pensar en mi pasado. ¿Acaso tuve un gran sueño, uno desmesurado, con el que me obsesioné durante mi infancia en una zona residencial de Ohio? ¿Qué fue mi par de Cons de 6.99 dólares? Entonces lo supe. Mientras hablaba con Ángel, el recuerdo regresó de golpe. Tenía 6 o 7 años y estaba sentado en el sillón viendo con mi papá un juego de futbol americano de la Universidad Estatal de Ohio. No recuerdo contra quién jugaban ni quién ganó, pero sí que los comentaristas hablaban de un *linebacker* de nombre Chris Spielman que se había graduado un año antes y que había sido seleccionado por los Detroit Lions en la segunda ronda de la selección de la NFL. Dijeron que había sido un jugador All-American en dos ocasiones. Nunca antes había escuchado esa expresión.

—Papá, ¿qué es un All-American? —pregunté.

—Son los mejores jugadores universitarios —respondió tranquilamente, sin darse cuenta del impacto que tendrían sus próximas palabras—. Solo hay unos pocos, son los que hacen las mejores jugadas.

«Guau», pensé. «¿¡Uno de los jugadores de mi equipo favorito es uno de los mejores en todo el país!?».

Recuerdo estar sentado ahí, mirando fijamente la televisión y escuchando a los comentaristas hablar con energía y mucha pasión de Spielman y los demás All-Americans que jugaban ese día. «¿Quiénes son esos jugadores? ¿Qué los hace tan especiales?».

Para aquellos que no conocen el esplendor y la gloria que es el futbol americano en la Universidad Estatal de Ohio, aquí va una pequeña lección. Durante el otoño, prácticamente todo el estado se toma los sábados libres para ver jugar a los Buckeyes.

Su estadio, llamado la Herradura, tiene capacidad para 100 mil personas y siempre está repleto de aficionados vestidos de escarlata y gris. Muchos de ellos visten los jerseys de los Buckeyes All-Americans pasados y presentes. Comprendí que van para ver a esos All-Americans —muchachos como Chris Spielman— hacer cosas increíbles para llevar a su equipo a la victoria.

A tan tierna edad, no tenía palabras para describir esa sensación, pero me obsesioné con la grandeza en los deportes. Quería ser como esos All-Americans. Quería ser *uno de los mejores*. Quería ser grandioso. Al recordar ese día y todos los años de prácticas, entrenamientos, planes de alimentación, experimentos con complementos dietéticos, juegos, lesiones y sesiones de terapia física, me di cuenta de que ser All-American no fue una idea que se me metió en la cabeza un día. Fue el nombre que le puse al sueño que tenía desde que era pequeño.

Al igual que el hecho de que Ángel soñara con tener su primer par de zapatos, ser un All-American puede sonar un poco tonto o hasta ingenuo si no conoces el contexto y no sabes cómo esa visión en particular nos guio durante décadas. Tener una meta que se sienta asequible pero se encuentre ligeramente fuera de tu alcance te da enfoque y dirección. Evita que te distraigas o te desanimes cuando las cosas no salen como quieres. Ángel quería esos Cons tan pronto como fuera humanamente posible, pero siete dólares en botellas, a dos centavos cada una, son muchas botellas para un niño pequeño. Yo quería ser un All-American, pero no tenía ni idea de cómo conseguirlo y nadie que conociera sabía cómo lograrlo. Ese tipo de grandeza no estaba a la vuelta de la esquina de la misma manera en que Steve Jobs vivía cerca del famoso garage de Packard, o de la misma forma en que un niño espera seguir los pasos de su padre como gerente de un negocio familiar o graduarse de la misma universidad que sus padres. Nuestros objetivos les parecían desmedidos a aquellos que nos rodeaban y, aunque los tiempos eran diferentes, los dos teníamos un camino claro y una meta definida.

Si deseas ser grande en algo, debes tener una visión clara de lo que quieres, por qué lo quieres y cuándo quieres que pase. Todos los grandes la tienen, incluyendo a todas las personas de las que leerás en este libro. Fue fundamental para que Shawn Johnson llegara a la cima del podio en Beijing, para que Kyle Maynard escalara el monte Kilimanjaro, para que Rich Roll pasara de ser un abogado con sobrepeso a un ultramaratonista de clase mundial, para que Scooter Braun creara una de las empresas de gestión musical más exitosas de la industria y para que mi hermano se convirtiera en uno de los mejores músicos de jazz del mundo, por citar solo a algunos. Tener una visión no es lo único que necesitas para ser grandioso, feliz o exitoso, pero es completamente cierto que, sin ella, no lograrás ser ninguna de esas cosas.

LECCIÓN #2: DEJA QUE TU VISIÓN SEA TU IDENTIDAD

En primer lugar, nos enfocamos en crear una visión porque es el paso más importante para llegar a cualquier lado y conseguir lo que desees en cualquier área de tu vida. Pero también debemos ser claros sobre lo que es una visión. Una visión no es solo un sueño. Una visión poderosa nace cuando integramos nuestros sueños con una serie de metas claras. Si no tenemos ambos elementos, deambularemos sin rumbo ni propósito en una espesa neblina, porque un sueño sin metas es solo una fantasía y las fantasías son dañinas: son alucinaciones, no auténticas visiones.

UNA VISIÓN PODEROSA NACE CUANDO INTEGRAMOS NUESTROS SUEÑOS CON METAS CLARAS.

Sin una visión auténtica, no tenemos identidad. Tener una visión auténtica no consiste solo en clarificar lo que quieres; se trata de definir qué quieres y quién quieres ser. De niño, mi visión era alcanzar el estatus de All-American, pero lo que realmente quería era *ser* grandioso.

Para Ángel, los Cons eran una forma de ser como los demás niños —ser su igual— en un momento de su vida en el que no se sentía como ellos. La mayoría de nosotros se puede sentir identificado con esa sensación de querer algo que está de moda y que nuestros amigos tienen, pero pocos podemos entender lo que es tener problemas de identidad, literal y figurativamente, desde una edad tan temprana. En el primer día de clases, el tutor de Ángel lo presentó como *Angelo* al director de la escuela, aunque ese no era su nombre. En la Nueva York de la década de los cincuenta era más fácil encajar si la gente creía que eras italiano y no cubano. Fue hasta que estaba en la universidad que pudo convencer a sus amigos de que lo llamaran como él quería.

«Simplemente lo decidí», me contó. «No, ese no es mi nombre. Me llamo Ángel. Puedes llamarme *Ein-yel* hasta que aprendas a pronunciarlo, pero tampoco es tan difícil: Án-*gel*. No tienes que pronunciarlo con mi acento ni nada parecido».

Pero iba más allá de que la gente aprendiera a pronunciar su nombre correctamente; se trataba de vivir su vida. Necesitaba tener un nombre. Deseaba ser alguien en sus propios términos, de acuerdo con su visión acerca de quién era (y sigue siendo hoy en día), y no ser lo que un administrador de la escuela pública anotó en una hoja de papel, pese a que su tutor lo hubiera hecho con las mejores intenciones. Lo que para algunos de nosotros puede parecer normal —la idea de ir a la universidad, tener un buen trabajo y una casa bonita— no solo era inusual para alguien con el pasado del pequeño Ángel, sino directamente una locura. Sobre todo cuando insistió en mantener su herencia cubana justo en el momento en que la Guerra Fría estaba empezando a ponerse helada.

Escuchar a Ángel hablar de su infancia me dejó clara esta distinción. Revelaba una ambición incansable, una vida de lucha para obtener logros verdaderos. Para ser igual a los demás, para ser alguien, para ser grandioso. Pero no serlo en el sentido tradicional, basado en el éxito, como yo lo intentaba. Él quería alcanzar la grandeza en la vida, ser grandioso viviendo.

Puede parecer que Ángel tenía dos visiones, una en la que quería ser igual a los demás y otra en la que deseaba ser él mismo, pero en realidad son dos caras de la misma moneda. Ambas unifican lo que quería con quien quería ser. Esa es la esencia de la identidad. Del mismo modo en que combinar tus sueños con tus metas es la esencia de una visión auténtica, unificar tu visión te permite superar las limitaciones que las demás personas creen que tienes. La grandeza se encuentra más allá de esas limitaciones. Si no descubres lo que quieres en la vida y quién quieres ser, es muy probable que te sientas atrapado en ellas. Ningún camino a la grandeza te lleva a conformarte con menos de lo que quieres.

Regresemos a la cena en la que conocí a Steve. Él creía que su sueño era ser terapeuta físico, tal vez en el ejército o tal vez en un equipo deportivo profesional. En realidad, su sueño era vivir cerca de la playa y trabajar desde casa unas horas al día para poder estar ahí si su familia lo necesitaba. Con razón estaba confundido. No estaba seguro de poder lograrlo porque no comprendía que ser terapeuta físico no era su sueño; solo era una meta más en el camino y un medio para conseguir su verdadero sueño. Lo que quería era tener control sobre su vida y el lujo de ver crecer a sus hijos. Una vez que te queda claro cuál es tu sueño, entonces es posible crear un plan para conseguirlo.

«El reto», me dijo Ángel mientras platicábamos de su infancia, «es ser capaz de proyectarte en un futuro para el que no tienes ningún punto de referencia. Si creciste en una buena familia de clase media que tenía un auto nuevo, una buena casa y se iba de vacaciones de vez en cuando (no me refiero a nada exótico, simplemente al clásico sueño americano), es posible que para ti muchas cosas sean normales, pero para mí eran una fantasía. Eran algo que yo veía en la televisión, en el programa *Déjenselo a Beaver*. Para mí, la casa que aparecía en ese programa era una mansión y fue un reto convencerme a mí mismo de que también yo merecía algo así».

Se dice que el famoso general de la Segunda Guerra Mundial y presidente francés Charles de Gaulle afirmó alguna vez: «La grandeza es un camino que lleva a lo desconocido». Y tenía razón, pero solo en un sentido muy específico, creo yo. No es que no sepas cómo se ve; lo que es desconocido es lo que se siente *estar ahí*. Esto es algo con lo que muchos estudiantes en la Escuela de la Grandeza, y me incluyo en esa lista, tenemos problemas al principio. La grandeza es para aquellas personas de allá, los que ya han estado ahí y han hecho cosas. Por la razón que sea, ellos se lo merecen. ¿Quién soy yo? ¿Qué he hecho para creer que puedo tener logros tan grandiosos? Solo soy Lewis, de Ohio, o Steve, de Los Ángeles, o Ángel, del Bronx.

LECCIÓN #3: VOLTEA EL TELESCOPIO

La clave es entender que el proceso para crear una visión no termina cuando logras articular claramente cuáles son tus sueños y metas. Hay algo más, la parte en la que imaginas cómo se siente haber cumplido tus sueños. Esto también lo aprendí de Ángel Martínez.

«Cuando era niño tuve una idea mientras jugaba con un telescopio», me contó. «Me di cuenta de que podías ver a través de él por ambos lados. Si lo usas del lado pequeño todo se ve lejos, pero cuando miré a través del lado grande exclamé: "Guau, se ve completamente diferente si volteas el telescopio". Desde ese momento les digo a las personas que dudan de sí mismas: "Quizás estás mirando por el lado equivocado del telescopio"».

¿Es posible que tengas el mismo problema? Con frecuencia ese desmesurado sueño que vemos tan lejano está mucho más cerca de lo que creemos. Parece distante porque estamos mirando por el extremo incorrecto. El punto de vista de Ángel era tan absoluto y tan inusual que me hizo reconsiderar mi propia historia. Entonces dijo algo que me llegó al alma: «Me di cuenta de que es más fácil venir de un lugar, que ir a un lugar. En Reebok creía que éramos mejores que Nike», recordó. «Simplemente no lo habíamos logrado aún. No vine a Deckers porque quisiera seguir en las mismas viejas oficinas donde trabajábamos antes de construir este nuevo edificio. Yo ya estaba del otro lado del telescopio en esta compañía. Yo la veía como una compañía multimillonaria por la calidad de las personas, los productos y las marcas. Me di cuenta de que te conviertes en lo que visualizas para ti mismo».

Te conviertes en lo que visualizas para ti mismo. Si Mike Tyson no hubiera arruinado la idea de los tatuajes faciales, me tatuaría esa frase en la frente para poder leerla todas las mañanas al despertar y verme en el espejo. Porque este es el verdadero poder de una visión en el camino a la grandeza. No es un destino, un logro en específico o una cantidad de algo; es un estado que abarca todas las metas que te has propuesto alcanzar en el camino.

TE CONVIERTES EN LO QUE VISUALIZAS PARA TI MISMO.

Uno de los increíbles beneficios de hacer lo que hago y pasar tiempo con los maestros de la Escuela de la Grandeza es que, tras cada encuentro con ellos, me voy con más sabiduría de la que tenía antes de conocerlos. Es un regalo grandioso y poder compartirlo con el mundo es mi misión. Por eso elegí cuidadosamente las historias que voy a contarles. Por ejemplo, Ángel Martínez es uno de esos raros individuos que podrían encajar en todas las categorías de mi lista de las características que conforman la base de la grandeza. Sin embargo, empecé el libro con su historia —la historia de una visión auténtica en todos los sentidos de la palabra— porque es el tipo de persona que puede inspirarnos a todos y que podemos usar como punto de referencia cuando dudamos de nuestros sueños o de nosotros mismos.

A Ángel lo ha guiado una visión que ha hecho que se levante de la cama por más de cincuenta años, mucho después de haber conseguido dinero suficiente para quedarse acostado hasta tan tarde como él quiera. Tu trabajo es crear una visión que haga que te levantes de la cama todas las mañanas. Si no lo hace, vuelve a recostarte hasta que tengas un sueño más grande.

He descubierto y desarrollado estos poderosos ejercicios para ayudarte a tener tan claro como el agua qué es lo que quieres, por qué lo quieres y cuándo quieres que pase. Para perseguir y conseguir la grandeza, debes convertirte en el autor de tu propio destino, y el proceso de redacción empieza con estos cuatro ejercicios.

EJERCICIO #1:
TU CERTIFICADO DE LOGRO (CDL)

ESCRIBE TU META. IMPRÍMELA. ENMÁRCALA. CUÉLGALA EN ALGÚN LUGAR DONDE LA VEAS. TODOS LOS DÍAS.

Escribir tus metas es poderoso. Declarar tu visión y ponerle una fecha, como si en efecto fuera a *pasar* (o, como diría Ángel, como si ya hubiera pasado), es aún más poderoso.

Este ejercicio es para lograr una claridad total sobre lo que quieres (como hice con Steve) y por qué lo quieres, y después declarar esa visión para ti en los próximos seis meses o hasta la fecha que tengas en mente, siempre y cuando sea una fecha específica. Tu meta puede ser financiera, personal, de salud o de trabajo. No importa cuál sea tu visión, solo hay una regla: debe ser algo difícil de lograr. Debe ser algo que te aterrorice cuando se lo digas en voz alta a alguien a quien respetes. Al mismo tiempo, debe ser posible lograrlo en el plazo establecido, siempre y cuando trabajes por ello. Después, una vez que lo logres, escribe una nueva meta.

No soy la primera persona que tiene la idea de escribir metas. Muchas personas me recomendaron algo similar antes de hacerlo, pero no lo aprendí de ellos. Para ser honestos, lo descubrí a una edad temprana viendo a mis entrenadores. Como deportista, he jugado en más equipos y con más entrenadores de los que soy capaz de contar. Fuimos buenos, fuimos grandiosos, fuimos malos y hasta fuimos terribles. En la mayoría de esos equipos, la diferencia entre el éxito y el fracaso era muy delgada. Muchas veces era difícil señalar el factor determinante, y Dios sabe que nuestros entrenadores siempre lo intentaban. Con el tiempo descubrí lo que diferenciaba a los buenos equipos de los malos, y a los entrenadores exitosos de los que no lo eran. Las temporadas en las que los entrenadores nos hacían escribir nuestra visión para el equipo y nuestras metas personales fueron las más exitosas en las que participé. Esa visión compartida proporcionaba una base sólida para nuestro equipo. Sin ella, solo éramos atletas que jugaban sin un propósito más amplio. Tener un propósito y saber por qué jugábamos permitía que cada miembro del equipo se sacrificara por los demás de una manera a la que los equipos sin visión no podían aspirar.

El poder de una visión clara y explícita me impactó tanto que, cuando dejé de jugar, quise ver si podía aplicar el mismo ejercicio en los negocios y en la vida. Empecé con algo que me había preocupado desde siempre: hablar en público. Me aterrorizaba tener que hablar frente a un grupo de personas. No podía hacerlo, aunque mi vida dependiera de ello. Cada vez que debía hacerlo en la escuela me ponía nervioso, sudaba y temblaba, así que decidí que no quería sentirme así nunca más.

Un año que pasé alejado de mi carrera profesional tras una serie de lesiones y complicaciones, me uní a Toastmasters International, una organización educativa que ayuda a sus miembros a mejorar sus habilidades de comunicación y para hablar en público. Asistí todas las semanas durante un año con el objetivo de superar mi miedo, pero esa meta no era lo suficientemente específica, la visión no era clara. *Superar* era una palabra muy genérica. Hacia la mitad del programa, emocionado por mis avances pero sin estar satisfecho por la dirección que estaba tomando, decidí anotar una meta aterradora: ganar cinco mil dólares por un discurso. Lo que la hacía tan aterradora era que en ese momento no podía cumplirla. De ninguna manera encontraría a alguien que me pagara esa cantidad para hablar en un evento, al menos no a esa versión de mí. Sin embargo, sabía que enfrentar mi miedo sería el inicio de la magia. Tenía dudas («¿quién va a querer escuchar a un joven como yo? ¿Qué puedo ofrecer?»), pero me puse una fecha límite para lograrlo: nueve meses.

Lo escribí en un pedazo de papel, lo enmarqué y lo colgué junto al espejo, donde lo vería todas las mañanas al despertar. Hacerlo de la misma forma en que lo hacíamos cuando jugaba futbol americano, enmarcando y colgando mi meta expresada en palabras (¡con todo y fecha límite!), me dio un propósito y un destino. Volteó mi telescopio. No solo cumplí el objetivo en el plazo establecido, sino que ahora me siento mucho más cómodo en un escenario y regularmente me ofrecen más de 25 mil dólares para dar discursos por todo el mundo. Y todo empezó estableciendo una visión clara y escribiendo mis objetivos. Llevo más de 15 años haciendo este ejercicio. Empecé a llamarlo mi Certificado de Logro para convertirlo en una etapa oficial del camino a la grandeza, y me sigue siendo útil como atleta y como empresario.

Descarga tu Certificado de Logro en schoolofgreatness.com/resources y recibirás una plantilla fácil de utilizar por haber completado este ejercicio de manera excelente. Una vez que llenes tu CDL, imprímelo, enmárcalo y ponlo donde vayas a verlo todos los días. Haz que sea el centro de tu rutina diaria, que esa meta específica que debes lograr esté siempre en tu mente y en la punta de tu lengua.

EJERCICIO #2:

PLAN PARA EL DÍA PERFECTO (PPDP)

Este puede ser uno de los ejercicios más poderosos que hagas para ti mismo, así que aprovéchalo al máximo. He entrenado a muchos empresarios desorientados con él y la mayoría me ha dicho que le cambió la vida. No me sorprendió: cuando yo lo hice por primera vez, hace muchos años, literalmente me preparó para crear la vida que siempre había visualizado y para vivirla todos los días.

En este ejercicio el objetivo es que describas cómo sería tu plan para un día perfecto en el camino hacia la realización de tu visión. Este ejercicio tiene dos partes, una macro y una micro. Primero está la parte macro, en la que descubres cómo sería un día perfecto en sus aspectos generales. No todos los días serán iguales, cada uno cambiará un poco dependiendo de lo que pasó el día anterior. Así debe ser; de lo contrario, la vida sería monótona. Aun así, quieres tener una idea general de cómo sería un día perfecto, y eso empieza con una serie de preguntas.

¿Cómo quiero que sean todos mis días?
¿Cómo me quiero sentir cada uno de mis días?
¿Qué estoy creando día a día?
¿Con quién paso mi tiempo?
¿A qué lugares voy?
¿Qué pasiones satisfago?

Toma una hoja en blanco o abre un documento nuevo en tu computadora y responde a estas preguntas, en términos amplios, en la primera mitad de la hoja.

Estas fueron mis respuestas la primera vez que hice este ejercicio.

PRIMER PARTE: MI DÍA PERFECTO

En mi día perfecto, despierto al lado de la mujer de mis sueños y ella está llorando de alegría porque nuestra vida juntos la hace feliz. Me estoy preparando para competir en los Juegos Olímpicos de 2016 con el equipo estadounidense de balonmano, así que me dirijo a una práctica con mi entrenador para mejorar mi fuerza y condición física. Después, trabajo en mi programa de televisión, que se transmite en un canal importante, y apoyo al equipo de mi compañía en proyectos que inspirarán a empresarios para que sigan sus pasiones y empiecen a trabajar en lo que desean.

Ahora, para la segunda parte, la micro, escribe un plan detallado del siguiente día perfecto en la parte de debajo de la página. Debería incluir todo lo que quieres hacer y lo que debes hacer, y describir con exactitud cómo y cuándo lo harás.

En todas las temporadas deportivas exitosas en las que participé había planes diarios y detallados. Recibíamos uno por la mañana y uno antes de la práctica, y nos preparaban para ganar. Ya no teníamos que preguntarnos qué hacer, cuándo hacerlo ni durante cuánto tiempo. Ahí estaba todo, simple y claro, con los pasos necesarios para cumplir nuestro objetivo. Los equipos profesionales también lo hacen. Los exitosos tienen planes diarios diseñados para que realicen su visión, y en muchas maneras son similares, o casi idénticos, a los que te pido que hagas.

Esta es una versión de mi plan diario mientras escribía este libro.

SEGUNDA PARTE: UN DÍA PERFECTO PARA MAÑANA

7:30 A. M. Despertar, meditar y disfrutar de la vista desde el balcón.

8:00 A. M. Desayuno saludable con un jugo verde o un *smoothie.*

9:00 A. M. CrossFit/kickboxing o clase privada de entrenamiento en destrezas.

10:45 A. M. Revisar con mi equipo los proyectos del día.

11:00 A. M. Completar las tres tareas principales que estaban en la lista que redacté antes de dormir.

12:00 P. M. Comida saludable en casa o en una reunión con alguien que me inspira.

1:30 P. M. Regresar a mi lista de los tres pendientes principales, hacer videos o trabajar con mi equipo.

3:00 P. M. Terapia física para mejorar la flexibilidad (dos días a la semana).

5:00 P. M. Juego informal de basquetbol, caminata con amigos o nadar en el mar.

7:30 P. M. Cena saludable en casa o fuera con amigos.

9:00 P. M. Leer, ver una película o asistir a un evento con personas influyentes en la ciudad.

11:00 P. M. Hacer una lista de las cosas por las que estoy más agradecido hoy, hacer una lista de las tareas que completé hoy y escribir mis tres pendientes principales para el día siguiente.

11:30 P. M. Meditar, dormir, soñar y recuperarme físicamente.

Si lo permites, el PPDP puede ser un ejercicio poderoso que ayudará a que este año (y todos los siguientes) esté lleno de los mejores días de tu vida personal y profesional.

También te ayudará a confirmar tu visión y viceversa. Si tu visión no encaja con tu día perfecto en el nivel micro o macro, debes cambiar tu visión o ser más abierto, honesto y creativo acerca de lo que tienes que hacer a diario para poder cumplirla.

EJERCICIO #3:

DECLARACIÓN DE PRINCIPIOS PERSONALES (DPP)

El tercer ejercicio de visión es la declaración de quién serás y de aquello por lo que te regirás en tu vida, incluso en los momentos más difíciles. Lo llamo la Declaración de Principios Personales (DPP) porque eso es lo que es: una declaración. No estás haciendo una lista de deseos ni escribiendo pensamientos bonitos; le estás declarando al mundo, y a ti mismo, cuáles son los cinco principios que defenderás y por los que te regirás, sin importar lo que pase. Cuando algo salga mal o no suceda como lo imaginaste, apóyate en estos principios en vez de caer en una espiral de negatividad o de convertirte en una víctima de las circunstancias. No dejes que tu ego maltrecho se apodere de ti, porque tu visión es más grande que tu ego. Nunca conseguirás lo que realmente deseas si permites que tu ego se interponga entre tú y tus principios.

Esta es mi DPP.

1. Amarme a mí mismo, a los demás y a todo.
2. Estar al servicio de los demás y del mundo.
3. Siempre esforzarme al máximo y buscar la grandeza en todo lo que haga.
4. Vivir con abundancia.
5. Crear situaciones en las que todos ganen.

Esta es la DPP de Ángel Martínez.

1. Decir la verdad.
2. Estar disponible para familia y amigos.

3. Respetar las opiniones de los demás.
4. Saber que no tengo todas las respuestas y hacer preguntas.
5. Tener humildad.
6. Perseverar.*

Imprime tu DPP o escríbela en una tarjeta que puedas llevar en tu cartera. Lee tus principios con frecuencia. Tu ego es fuerte y tiene un gran poder de convicción (al menos, así es el mío), sobre todo cuando las cosas no salen como esperabas, pero si te aferras a tus principios, será imposible que te desvíes del camino hacia la realización de tu visión. No importa qué tipo de adversidad se interponga —y créeme que llegará, en especial cuanto más grande sea tu visión—, tus principios son herramientas poderosas que te servirán en cada paso que des.

EJERCICIO #4:

TU PLAN DE DECLARACIÓN PERSONAL (PDP)

Este ejercicio está diseñado para integrar toda tu visión en un plan de acción. Podemos pensar, hacer un plan, esperar y desear, pero, hasta que no hagamos algo por nuestra visión (como verás en los próximos capítulos), esta no será más que un sueño.

Completa las preguntas en una hoja de papel en blanco (o descarga este documento en schoolofgreatness.com/resources).

Tu nombre: ____

Fecha de hoy: __________________ Fecha en seis o 12 meses a partir de hoy: ______________________

* Por supuesto, Ángel agregó un principio más por si acaso: ¡no pasas de estar donde él estaba a donde está ahora haciendo solo lo suficiente!

Responde estas preguntas:

¿Quién soy? ______________________________

____

____

____

____

____

____

¿Qué defiendo? ______________________________

____

____

____

____

____

____

____

¿Cuál es mi visión para mí, para mi familia y para el mundo?

____

____

____

____

____

____

____

Enlista tus cinco principios (DPP).

1. ____________________

2. ____________________
3. ____________________
4. ____________________
5. ____________________

Esta es una oportunidad para clarificar lo que quieres, pero no te equivoques: vivir de acuerdo con tu visión requiere de compromiso. Exige tiempo y dedicación, así que no lo tomes a la ligera. Si lo necesitas, tómate un tiempo antes de poner tu visión en papel, pero asegúrate de completar estos ejercicios en las próximas 24 horas, cuando aún estén frescos en tu mente.

Escribe los tres objetivos principales que quieras lograr o mantener en los próximos seis o 12 meses bajo cada una de estas categorías: familia, relaciones, negocios, dinero, salud, diversión, espiritualidad/crecimiento personal.

Debajo de cada objetivo escribe un plan detallado sobre cómo conseguirás esa meta en específico: detalla cada paso hasta hacerlo incluso aburrido, de manera que cualquiera pueda leer tu plan, seguirlo al pie de la letra y lograrlo él mismo. Este es un ejemplo de cómo podrían verse tres de esas categorías.

FAMILIA: VISITAR A MIS PADRES Y HERMANOS DOS VECES AL AÑO

PRIMER PASO: Buscar en mi agenda un momento cada seis meses en el que pueda viajar a casa de mis padres (en los tres días siguientes).

SEGUNDO PASO: Llamar a mis padres y hermanos para ver si estarán libres durante las fechas que elegí (en los siete días siguientes).

TERCER PASO: Agendar en mi calendario las fechas que acordamos para el viaje y comprar los boletos de avión (en dos semanas).

NEGOCIOS: GANAR DIEZ MIL DÓLARES MENSUALES EN LOS PRÓXIMOS SEIS MESES

PRIMER PASO: Calcular cuántos clientes necesito para llegar a este objetivo (en un día).

SEGUNDO PASO: Calcular cuántas ventas necesito generar semanal y diariamente (en un día).

TERCER PASO: Crear un webinar semanal de acuerdo con las perspectivas actuales y generar esas ventas.

SALUD: BAJAR SIETE KILOS EN DOS MESES

PRIMER PASO: Encontrar un plan de ejercicio que me emocione (en un día).

SEGUNDO PASO: Encontrar un entrenador o compañero que me mantenga enfocado (en tres días).

TERCER PASO: Agendar días y horarios de ejercicio para los próximos 60 días (en tres días).

CUARTO PASO: ¡Empezar a ejercitarme según el plan en cuatro días!

Escribe el tipo de persona que deberás ser para cumplir esos objetivos en los próximos seis o 12 meses.

EJEMPLO: «Tendré que estar comprometido y, lo que es aún más importante, tendré que aprender a dejar atrás la presión o el estrés y empoderar a las personas de mi alrededor para que me apoyen en vez de hacerlo solo. Tendré que profundizar mi conocimiento sobre cómo funcionan los negocios y sobre mundo para poder fluir sin esfuerzo».

Tendré que ______________________________________

____

____

____

____

Ahora escribe los avances que harás como resultado de entender el tipo de persona que debes ser para cumplir tus objetivos.

EJEMPLO: «Dejaré de ser tan reactivo o de estar a la defensiva. Estaré en paz conmigo mismo y entenderé que al final del día todo es "menor" y no es necesario que reaccione de una manera que no aporta nada cuando las cosas no van bien».

____

____

____

____

____

____

Este es un documento vivo que tendrás que ajustar con el paso del tiempo. Cada seis o 12 meses deberás regresar a él para asegurarte de que sigues en el camino correcto para realizar tu visión.

CONSEJO DE ENTRENAMIENTO

Tu vida importa, y también tus sueños. Es momento de que actúes en consecuencia. La mejor forma de hacerlo es visualizando y planeando cómo quieres que se vean tus sueños en el día a día. La clave de la grandeza es cumplir las condiciones para lo que quieres en tu vida en primer lugar y ser una inspiración para ti mismo. De este modo, lograrás inspirar a los que te rodean para que hagan lo mismo. Este efecto dominó es poderoso. Imagínate que todos se enfocaran en tener una vida satisfactoria e inspiradora. ¿¡Cómo sería el mundo entonces!? Cuando completes esta tarea, enséñasela a un amigo o a alguien a quien respetes, cuéntale tus sueños y dile por qué principios te riges. Pide que se unan a ti y hagan estos ejercicios para que así puedan apoyarse en su camino. Después, postéalo en tus redes sociales con el *hashtag* #SchoolOfGreatness para que otras personas en la comunidad también puedan apoyarte en tu viaje. Puedes lograrlo, y yo estaré ahí en cada paso. Es momento de hacer que inicie la magia, y eso se logra descubriendo lo que quieres en tu vida y por qué. ¡Vamos!

ATERRIZANDO

Todo lo que he querido en la vida —desde ser un gran atleta cuando era chico, aunque era el último en ser elegido en las clases de Educación Física, hasta querer empezar mi propio negocio desde el sillón de mi hermana, cuando las lesiones acabaron con mi carrera como jugador profesional y no podía encontrar una relación amorosa porque mi ego y mis inseguridades se interponían en el camino— siempre ha sido y siempre será un desafío igualmente difícil.

Cuando las adversidades aparecen, tienes dos elecciones: (1) no hacer nada, dejar que te sobrepasen y ser una víctima de las circunstancias, o (2) aceptar el reto y enfrentar la adversidad, convirtiéndola en parte de tu historia de éxito. Prepárate para estos momentos porque llegarán en todos los aspectos de tu vida, te guste o no. Cuando lo comprendas y logres aceptar las adversidades, podrás aprender a superarlas y usarlas a tu favor.

Cuando me enfrento a desafíos, pienso en mi amigo Kyle Maynard, acerca de quien escribo en este capítulo, y en cómo él, entre otras personas, me mostró lo mucho que tengo que agradecer en la vida.

2
CONVIERTE LAS ADVERSIDADES EN VENTAJAS

> Las tormentas hacen que las raíces
> de los árboles sean más profundas.
>
> Dolly Parton

Para la mayoría de nosotros es difícil imaginar que nos convertimos en luchadores de campeonato, futbolistas profesionales, levantadores de pesas, peleadores de artes marciales mixtas o alpinistas. Hay muchísimos obstáculos que se interponen en el camino a cada uno de estos objetivos: el dinero, las oportunidades, el entrenamiento, el talento, la habilidad o la confianza. Cualquiera de ellos podría arruinar esos impresionantes sueños en un instante.

Ahora imagínate haber conseguido todo eso antes de cortar el pastel en la fiesta de tus 30 años. Un amigo mío lo logró. Su nombre es Kyle Maynard y es uno de los maestros más inspiradores que conozco. Cuando era joven, estas hazañas físicas que acabo de enlistar eran solo algunos de los objetivos que figuraban en su lista de deseos, una lista interminable y que algún día incluirá inspirar a los demás para que hagan cosas grandiosas. Kyle quería conseguir sus objetivos tanto como cualquier persona que aspira a la grandeza desea algo. Y a mediados de 2012, cuando tenía 26 años, ya había conseguido todo. En la secundaria jugó futbol americano. En la preparatoria practicó lucha grecorromana a nivel de campeonato y ganó 36 enfrentamientos con el equipo principal durante su último año de escuela. Participó en una pelea completa de artes marciales mixtas de tres rounds. Escaló el monte Kilimanjaro, de más de seis mil metros de altura.

Por sí solos, puede que estos objetivos no suenen tan descabellados. He conocido a muchas personas que han logrado estos mismos sueños a un nivel más alto, pero nadie lo hizo como Kyle. Cuando los demás lo hicieron, el ESPN no los premió con dos ESPY por sus logros, como sí lo hizo con él. ¿Por qué? Los logros de Kyle destacan por encima de aquellos que logran otros hombres de su edad —por encima de los de otros hombres en general— porque Kyle mide apenas 1.16 metros. Nació sin piernas ni brazos. Un defecto de nacimiento, asociado a algo llamado síndrome de bridas amnióticas, lo privó de las extremidades que todos damos por sentado. «En pocas palabras, mis brazos terminan donde están tus codos. Ambos son más o menos de la misma longitud. Mis piernas terminan un poco más arriba de la rodilla y tengo dos pies, aunque son un poco diferentes». Así se describe él mismo.

El síndrome de bridas amnióticas ocurre cuando la sangre se coagula en el útero y unas bandas fibrosas restringen el crecimiento de las extremidades del feto. Los doctores no saben por qué sucede o qué lo causa, pero calculan que estadísticamente ocurre en uno de cada diez millones de embarazos que por lo demás sería normal. Al crecer, Kyle no se enfrentó a los típicos obstáculos externos que todos nosotros encontramos en algún momento; él tuvo que vérselas con una lista de problemas exclusivos que fueron parte de su vida desde el día en que nació. Pero, a pesar de todo, cumplió cada una de las cosas que había visualizado para sí mismo.

LA CLAVE ESTÁ EN HACERLO

No deberías sentirte mal por Kyle Maynard, él no busca compasión. Lo que aprendí de Kyle Maynard durante nuestras pláticas hizo que enfocara mi comprensión de las metas y la grandeza de una manera en que nunca antes lo había hecho. Crear una visión consiste en definir claramente lo que quieres (tus metas) y quién quieres ser (tus sueños). Pero tus metas y tus sueños tienen algo en común: los dos se gestan en la mente. Son hipotéticos. Cualquiera puede decirse a sí mismo que tiene una visión de lo que quiere crear en este mundo, pero son nuestras acciones las que dictan lo que creamos en la realidad, donde todo puede pasar (y pasa). Es al cumplirlos cuando convertimos los objetivos en realidades.

Ser bueno en algo requiere talento, visión y acción. La grandeza es eso que surge cuando el talento y la visión se enfrentan a la adversidad... y persisten. Esto es lo que hace que Kyle sea un gran maestro, y es la razón por la que puede enseñarnos más que nadie sobre superar las adversidades en el camino a la grandeza. Cuando se trata de grandeza, él nos enseña que no hay lugar para las excusas.

«Cuando era chico, tenía 10 años, solía llorar hasta quedarme dormido porque deseaba despertar y tener brazos y piernas como los demás. Pero, sin importar cuánto lo deseara, eso no iba a suceder nunca. Cuando nos enfocamos en cosas sobre las que no tenemos ningún control, no obtendremos más que infelicidad».

Esta mentalidad es insostenible e improductiva cuando nos enfrentamos a la adversidad. No nos lleva a ningún lado. ¿Cómo dice el refrán? ¿«No le pidas peras al olmo»? Esa fue la realidad que Kyle tuvo que enfrentar desde niño. Y, como él dijo, no importa cuánto se enfocara en eso o lo deseara, nada iba a cambiar. Al igual que muchas de las revelaciones sobre la adversidad que he tenido en mi vida, Kyle tuvo una en un campo de futbol americano. Tenía 11 años.

«A esa edad hice mi primera tacleada en un juego de futbol americano», recuerda Kyle. «Parece algo relativamente sencillo, pero me cambió la vida para siempre. Dejé de preocuparme por lo que podría pasar en el futuro lejano. Dejé de estar consumido por las dudas acerca de lo que haría con mi vida. Solía hacerme preguntas como "¿tendré que vivir con mis padres toda la vida?" o "¿algún día tendré novia o trabajo?". Lo interesante fue que seguía sin tener respuestas para esas preguntas. Solo estaba jugando futbol americano».

Kyle no estaba pensando o preocupándose, estaba *haciendo* algo. ¡A los 11 años, además! Fueron la acción y la perseverancia ante las adversidades más grandes las que hicieron que sus obstáculos empezaran a desaparecer y que él por fin pudiera dar sus primeros pasos hacia la grandeza. Se convirtió casi en una filosofía sobre la adversidad que lo acompaña desde ese día.

«En mi vida he enfrentado algunos retos desde esa tacleada», me dijo. «Pero los miedos y las preocupaciones por el futuro empezaron a disminuir hasta ser casi inexistentes. Creo que esto se debe sobre todo a que me pongo voluntariamente en situaciones en las que me siento incómodo y permanezco ahí hasta sentirme cómodo.

»Cuando tenía 19 años, di un discurso frente a miles de los empresarios más importantes del mundo y, por si eso fuera poco, compartí escenario con el senador Obama y el doctor Steven Covey, autor del *bestseller Los siete hábitos de la gente altamente efectiva*. Después de dar ese discurso, ¡es normal que todos los demás discursos que he dado me hayan parecido mucho más fáciles!».

¡Increíble! Piensa en eso: en ocho años Kyle pasó de llorar todas las noches antes de dormir, preguntándose si algún día tendría una novia, un trabajo o una casa propia, a hablar en un salón repleto de los empresarios más brillantes del mundo, junto al futuro presidente de Estados Unidos y uno de los autores más exitosos de la historia de la autoayuda. Y todo empezó con una tacleada en un campo de futbol americano, una pequeña acción.

«Somos nuestros mejores aliados a la hora de superar las adversidades. Podemos estar más motivados de lo que creemos», afirma Kyle con frecuencia. Todo depende de cómo percibamos y nos enfrentemos a la adversidad que tenemos ante nosotros.

EL IDIOMA DE LA ADVERSIDAD INTERNA

Una de las cosas sobre la adversidad que más tiempo me tomó aprender, en especial sobre la que encontraba en mi propia vida, es que esta no siempre es externa o física. De hecho, normalmente no lo es. Empecé a entenderlo gracias a mi trabajo con Chris Lee (a quien conoceremos en el siguiente capítulo) sobre la inteligencia emocional. Pero no fue hasta que me senté con Nicole Lapin a platicar sobre el dinero que estuve consciente de todas las formas en que la adversidad se puede manifestar en nuestras vidas.

Nicole es una experta en finanzas que trabajó muchos años como reportera y presentadora en cadenas como CNBC, CNN y Bloomberg antes de escribir un *bestseller* llamado *Rich Bitch* sobre cómo poner orden en tu economía. Su libro es fantástico y, ya seas hombre o mujer, si has tenido problemas de dinero deberías comprarlo y leerlo completo.

Pero, cuando nos conocimos, lo que me impactó de Nicole fue la historia de cómo emprendió el camino que la llevaría a ser reportera financiera, cuando solo tenía 18 años. Su viaje estuvo a punto de terminar incluso antes de haber empezado gracias a un tipo de adversidad diferente: la interior.

Nicole fue la primera de su familia en nacer en Estados Unidos y vivió con unos padres inmigrantes que se limitaban a usar solo dinero en efectivo. Ni tarjetas de crédito, ni préstamos, nada de lo que define la relación habitual del estadounidense promedio con el dinero. Solo usaban dinero en efectivo, siempre.

«No teníamos el *Wall Street Journal* en la mesa de la cocina, nunca hablábamos de acciones, bonos y ese tipo de cosas, y nunca lo aprendí en la escuela. Así que crecí sin tener idea de todo eso», me confesó Nicole. «Era la niña rara que no tenía tarjetas de débito y que, cuando salía a cenar con amigas, solía llevar un fajo de billetes o firmaba un cheque».

La gota que derramó el vaso fue cuando estaba en la Universidad del Noroeste, en Chicago, y tuvo que comprar un boleto de avión de último minuto. Lo más práctico hubiera sido abrir la computadora y comprarlo en línea. Solo había un problema: no tenía tarjeta de crédito. Tuvo que ir al banco, retirar dinero en efectivo, ir al aeropuerto y pagar el boleto con un fajo de billetes. «Me dije: "Basta, esto es ridículo". Tenía que tomar el control de mi vida y de mi economía».

Pero ¿cómo se hace eso? ¿Cómo tomas control de tu vida económica y eliges el camino para dedicarte de manera profesional al periodismo financiero cuando la economía es un concepto extraño para ti? ¿Cuando no puedes apoyarte en tus padres? ¿Cuando vives en un país donde no te enseñan a controlar y administrar tu dinero ni en la secundaria, ni en la preparatoria ni en la universidad, aunque tomes clases de economía?

«Fue entonces cuando me di cuenta de que era como un idioma, como cualquier otra cosa nueva. Solo se trataba de un idioma muy ajeno a mí», me explicó Nicole.

¡Tenía razón! Todas las cosas nuevas que intentamos hacer en nuestra vida son como un idioma nuevo. Es probable que el idioma de las artes marciales mixtas y el de escalar montañas asustaran a Kyle cuando pensó en ellos por primera vez. El idioma de LinkedIn y el de los negocios me aterrorizaban cuando estaba sentado en el sillón de mi hermana contemplando el fin de mi carrera deportiva, un idioma que yo ya hablaba con mucha fluidez.

Empezar es siempre la parte más difícil de intentar algo nuevo. Tienes que superar todos tus miedos y la ansiedad de decir algo incorrecto y quedar como un tonto. Puede que te dé pena, y la pena ha frenado a no pocas personas a la hora de hacer cosas importantes: las cosas que amaban. Nicole lo entendió y decidió arrojarse sin pensarlo dos veces. Tomó un trabajo en el parqué del Chicago Mercantile Exchange.

«Cuando empiezas a hablar ese idioma, sientes como si estuvieras hablando chino en tu propio país», admitió. «Eso fue lo que me pasó mi primer día en el parqué del Exchange. Tuve que aprender muy rápido, pero cuando descubrí que solo era un idioma nuevo y que si lo aprendía podría unirme a la conversación, me sentí empoderada».

Supe exactamente a lo que se refería porque experimenté la misma sensación cuando estaba aprendiendo a bailar salsa en 2006. Vivía sobre un club de jazz que ofrecía clases de salsa una vez a la semana y bajé decidido a convertirme en el mejor bailarín de salsa que pudiera, aunque fuera torpe, alto y blanco. Estaba petrificado, pero por tres meses practiqué, estudié, asistí a clases grupales, tomé clases privadas, vi videos de YouTube y ensayé frente al espejo fingiendo que bailaba con una chica. Si al leerlo crees que es raro, ¡imagínate cómo me sentía al hacerlo!

Pero recuerdo el momento exacto en que comprendí el idioma de la salsa y créeme si te digo que cuando empecé se sentía como un idioma *completamente* extraño. Nicole lo expresó muy bien, era como tratar de hablar chino. Cuando por fin lo entendí y la salsa empezó a tener sentido, como si pudiera hablar el idioma con fluidez, sentí que podía correr por las paredes de un edificio. Podía hacer cualquier cosa que me propusiera, sin importar los obstáculos —físicos o mentales, internos o externos— que se presentaran frente a mí.

Nicole había modificado mi perspectiva sobre la adversidad, no solo en qué consiste o de dónde viene, sino cómo enfrentarla y superarla. Es una lección que recordaré ante cada reto porque, si hay algo en la vida de lo que no se puede escapar, y menos en el camino a la grandeza, es la adversidad. Soñamos y después la realidad nos pega en la cara. Creamos una visión para nosotros mismos, pero nos damos cuenta enseguida de que el mundo, en el mejor de los casos, solo siente indiferencia por nuestra visión (y por nosotros). En algunas ocasiones, el mundo parece querer hacer todo lo posible por interponerse en nuestro camino. La adversidad aparece en casi cada etapa del mismo: desde los primeros años en los que aprendemos a caminar, a estudiar en la escuela, hasta cuando damos un torpe primer beso, practicamos algún deporte o iniciamos un nuevo negocio. Experimentamos con mucha frecuencia dolor, frustración y caídas.

Nadie lo entiende mejor que Kyle Maynard. Él me enseñó que nadie es inmune a la adversidad, pero también que enfrentarse a un número considerable de obstáculos no es completamente malo. Cuando fallamos una y otra vez en la búsqueda de la excelencia, ¡en realidad el fracaso nos enseña y nos hace grandiosos! Por supuesto, Kyle ha tenido que enfrentar un número más que considerable de adversidades si lo comparamos con alguien como yo —después de todo, no tengo una discapacidad congénita—, pero aun así yo también he tenido obstáculos que superar.

LA VENTAJA ESCONDIDA DE LA ADVERSIDAD

Toda mi infancia se basó en una única visión: convertirme en un atleta All-American. Pensaba que lo lograría en el futbol americano, un deporte que practiqué por muchos años. También creí que pasaría durante mi segundo año de la universidad, cuando batí el récord de yardas recibidas en un solo juego (418) y terminé la temporada con la segunda mayor cantidad de yardas recibidas en todo el país. Pero mi equipo apenas ganó la mitad de los juegos, y por lo general no les conceden la categoría All-American a los jugadores de equipos mediocres. A partir de ese momento, las cosas solo empeoraron, dentro y fuera del campo, porque nuestros entrenadores no fueron capaces de ponernos en la posición adecuada para ser grandiosos. Así que para la temporada de mi último año en la universidad me transferí a una escuela que me diera la oportunidad de cumplir mi sueño. Tomar la decisión de irme fue muy difícil, sobre todo para alguien como yo, que durante toda su vida había trabajado con y para su equipo, pero la nueva escuela prometía grandes cosas y no podía darle la espalda al sueño que había guiado mi vida entera.

En el segundo partido de la temporada con mi nuevo equipo jugamos contra la otra universidad de la ciudad. Estaba teniendo un buen juego, con jugadas importantes, cuando en el tercer cuarto atrapé un pase en medio del campo y recibí un fuerte golpe en las costillas de parte de uno de los *linebackers*. En ese momento sentí un poco de dolor, pero, gracias a la adrenalina y mi espíritu competitivo, no le presté mayor atención. Dos días después, durante un entrenamiento hice un recorte rápido mientras calentábamos, escuché un fuerte crujido y me desplomé de inmediato, en agonía. Nunca había sentido tanto dolor en la vida. Sentía como si alguien me apuñalara en el costado y girara el cuchillo antes de golpearme la herida con un martillo. ¡Mis compañeros creyeron que estaba bromeando porque nadie me había tocado! Bien, pues resultó que durante el juego me había fracturado ligeramente tres costillas, y el recorte rápido y luego el giro que hice en el entrenamiento se encargaron del resto, rompiéndolas por completo. El cartílago se despegó del hueso y mis músculos estaban retorciéndose en el lugar del desgarro, golpeando mis costillas justo donde se habían roto. Mi caja torácica se convirtió en un carrillón, y cada vez que respiraba parecía sonar. No hace falta decir que esa temporada no volví a jugar.

Durante unos meses sentí tanto dolor que casi no podía caminar. No pude dormir, toser, estornudar ni reírme por al menos dos semanas. Necesitaba que alguien me ayudara a levantarme de la cama porque no podía activar los músculos de mi torso sin gritar. Nunca había tomado pastillas para el dolor, así que, cuando me tomé el medicamento que me recetaron los doctores, mi cuerpo no supo cómo reaccionar y vomité casi de inmediato, lo que me ocasionó un dolor completamente nuevo que se agregó al que ya tenía.

Pero el dolor físico no era nada en comparación con el dolor emocional. Estaba devastado. Mi sueño se estaba alejando, la adversidad estaba aplastando mi visión como el *linebacker* aplastó mis costillas. Fue uno de los peores momentos de mi vida.

Para la época navideña de ese año, unos meses después de la lesión, me había recuperado lo suficiente como para correr en una caminadora sin gritar de dolor. También me sentía un poco mejor emocionalmente, pero no podía ignorar el hecho de que seguía muy lejos del objetivo que tanto me importaba. Estaba en mi último año de universidad y la temporada de futbol americano había terminado, así que ser un receptor abierto All-American ya no era una opción. Tenía que pensar en algo, debía haber otra manera.

Fue entonces cuando se me ocurrió que en los pocos meses que quedaban de universidad podía probar suerte en algún otro deporte. Excepto por mis costillas, estaba en buena condición física y era un gran atleta. En mi primer año brinqué más de dos metros en el salto de altura y más de seis metros y medio en el salto de longitud, además de que estuve cerca de romper los once segundos en los cien metros planos. Ninguno de esos números tomado individualmente me acercaría al podio de los medallistas, y aún menos clasificaría para un campeonato nacional, pero considerados en conjunto quizá fueran una buena señal. El atletismo es un deporte de primavera, así que antes de año nuevo llamé a mi antigua entrenadora (que había clasificado para las pruebas de los Juegos Olímpicos y había sido All-American) y le pregunté qué necesitaría para convertirme en All-American en decatlón; se trata de un evento de dos días y 10 disciplinas en el que se prueban fuerza, agilidad y resistencia, y a cuyo ganador se le llama con frecuencia en los Juegos Olímpicos «el mejor atleta del mundo». ¿Era posible? Ella me dijo que sí, pero debía empezar a entrenar enseguida y tenía que hacer todo lo que ella me dijera durante los próximos seis meses. Sin atajos. Sin excusas.

Usando la metáfora de Nicole Lapin, era un nuevo idioma, pero no me importó: estaba decidido. Esta nueva visión me dio la motivación y el empuje necesarios para reenfocar mi energía en hacer todo lo posible para lograr que sucediera. Me dio un propósito cuando me sentía inútil. Me dio el mismo vigor que, unos meses antes, en el campo de juego, me permitió destacar como uno de los mejores receptores abiertos. De nuevo me sentí como un guerrero preparándose para ir a la batalla. Una visión poderosa nos da una fuerza guerrera, por eso es crucial que, tras enfrentar adversidades, encuentres o reenfoques tu visión tan pronto como sea posible.

De inmediato empecé el arduo proceso para volver a transferirme, esta vez a mi vieja escuela (el Principia College, donde estaba mi antigua entrenadora de atletismo), y me puse a trabajar. Durante los siguientes seis meses conseguí tener la mejor forma física de mi vida —en ese sentido, fue probablemente el punto más alto de toda mi carrera— y no solo clasifiqué para el campeonato nacional, sino que entré al equipo All-American (en el siguiente capítulo explicaré lo que sucedió). Por si eso no fuera suficiente, después me dieron un año más de elegibilidad gracias a las lesiones; regresé al campo de futbol americano siendo un mejor jugador debido al entrenamiento del decatlón, batí un par de récords de recepción e hice buenas jugadas en partidos importantes. Además, gané mi segunda distinción como All-American, esta vez —por fin— en el futbol americano, como había sido mi objetivo en un inicio.

Descubrí la ventaja que se escondía en las circunstancias más adversas. Las lesiones, aquello contra lo que había peleado tanto al principio, me acercaron a mi sueño. Es más, me ayudaron a sobrepasar mi sueño de maneras inimaginables. ¿Cómo era posible? ¿Cómo pudo una lesión, una que nunca anticipé, duplicar mis oportunidades de ser All-American y cumplir el sueño que tenía desde niño?

No lo entendí en ese momento, pero todo quedó claro cuando hablé con Ray Holiday, amigo y autor del libro *The Obstacle Is the Way*. Ryan es un autor *bestseller*, exgerente de *marketing* de American Apparel y fundador de una agencia de *marketing* y estrategia comercial que le permite vivir la vida como él quiere. También se ha enfrentado a la adversidad: a los 19 años dejó la universidad, sus padres prácticamente renegaron de él, trabajó para varios clientes famosos pero difíciles y controvertidos, y pasó buena parte de la década siguiente trabajando sin descanso para llegar hasta donde está hoy.

«Es una verdad eterna de la historia y la filosofía», me dijo, «que los problemas a los que nos enfrentamos en la vida pueden ser vistos como tragedias u oportunidades». El emperador romano Marco Aurelio, uno de los grandes héroes de Ryan, solía recordarse a sí mismo que «el impedimento a la acción avanza la acción. Lo que se interpone en el camino se convierte en el camino».

De hecho, puedes encontrar este elemento fundacional del pensamiento estoico en muchas de las personas más admiradas de todos los tiempos. De jóvenes, tanto Thomas Jefferson como George Washington leyeron a los estoicos —pensadores y líderes como Catón el Joven, Epicteto y Marco Aurelio—, y eso les ayudó a enfrentar las adversidades que encontraron durante la fundación de Estados Unidos. El explorador y escritor Robert Louis Stevenson era admirador de Marco Aurelio y el pensamiento estoico. También lo eran artistas como Eugène Delacroix, escritores y filósofos como Adam Smith y políticos como Bill Clinton. Tim Ferriss, inversionista, empresario y un amigo cercano, también ha declarado en público su admiración por esta antigua filosofía, que aún es relevante para nuestra vida moderna.

Todos estos hombres enfrentaron adversidades en su camino al éxito. A veces eran enormes y otras tantas, pequeñas. Sin embargo, como Ryan escribió, hay «algo que todos los grandes hombres y mujeres tienen en común. Como el oxígeno para el fuego, los obstáculos se convirtieron en el combustible para lograr aquello que ambicionaban. Nada pudo detenerlos, fueron (y siguen siendo) imposibles de desanimar o contener. Cada impedimento sirvió para que el infierno que albergaban en su interior ardiera con más ferocidad».

TÚ ELIGES TU PERSPECTIVA

Kyle Maynard también es un estoico, lo sepa o no. Cuando dice «siempre elegimos nuestra perspectiva», está haciendo eco de lo que los filósofos han defendido en el transcurso de la historia: no existen cosas buenas o malas, solo nuestras percepciones. Mientras él tacleaba cada uno de sus sueños sin inmutarse, fueron las palabras del filósofo y político Séneca las que mejor supo encarnar: «Arduo es el camino que lleva a las cumbres de la grandeza».

Cuando Kyle empezó a practicar lucha grecorromana en la preparatoria, según me contó, «las personas decían que nunca podría ganar un combate. No me lo decían a la cara, pero siempre lo escuchaba». Muchas de esas dudas llegaban de personas cegadas por sus percepciones. No veían al hambriento soñador que estaba frente a ellos, solo lo que le faltaba. Veían lo que lo limitaba y lo frenaba, sin darse cuenta de que eso lo pudo haber fortalecido o que ¡incluso podía darle alguna ventaja táctica en la colchoneta!

Algunas de las dudas y los comentarios negativos sin duda provenían del miedo y la inseguridad que existía en las mentes de sus oponentes. ¿Y si ese inofensivo adolescente sin brazos ni piernas les ganaba? ¿Cómo se vería *eso*? Estaban en lo correcto al tener miedo. No solo ganó 36 encuentros en su última temporada, sino que terminó en el duodécimo lugar en su categoría de peso en el campeonato nacional, tras derrotar, entre otros, a varios campeones estatales.

Kyle usó a su favor las percepciones erróneas de aquellas personas tan miedosas. Se alimentó de sus dudas. Como alguna vez preguntó Ralph Waldo Emerson: «¿Es tan malo, entonces, que no te entiendan? A Pitágoras no lo entendieron, igual que a Sócrates, Jesús, Lutero, Copérnico, Galileo, Newton y todos los demás espíritus sabios y puros que han caminado sobre la Tierra. Ser grandioso es ser malentendido». Como es evidente, no estoy diciendo que Kyle esté al mismo nivel de Sócrates, Jesús o Galileo, pero si hablamos de personas que han luchado tan arduas batallas, no es una mala comparación. Parte de la grandeza consiste en que la gente dude de ti y tengas que enfrentar dificultades, y es justo ese esfuerzo lo que contribuye a la grandeza.

Un año más tarde, Kyle decidió que quería probar suerte en las artes marciales mixtas y empezó con un riguroso entrenamiento. «Las artes marciales mixtas me enseñaron mucho acerca de mí mismo», me contó. «Fue la primera vez que las personas se opusieron abiertamente a lo que hacía». El estado de Georgia intentó prohibir su primer combate. La Comisión Atlética de Georgia se rehusó a entregarle una licencia de peleador, un requisito para poder competir en un combate oficial. Los mismos comentarios negativos que había escuchado en la época en que se dedicó a la lucha grecorromana llegaron a internet, y la gente no tuvo problema en decirle exactamente lo que pensaban; las críticas eran despiadadas e incesantes, y hablaban de él en chats y comunidades especializadas en artes marciales mixtas. Lo amenazaron y lo llamaron «monstruo sin piernas».

«Una de mis creencias fundamentales es que debes hacer cosas que te apasionen, ir por ellas y explotar tu potencial al máximo», me contó Kyle. «Yo no quería ser un peleador profesional, no tenía falsas esperanzas. Solo quería experimentarlo, porque 99.9% de los aficionados del deporte nunca entrarían a una jaula y eso está bien, pero yo no quería tener miedo. Yo quería entrar y experimentarlo».

Los grandes interpretan todas las situaciones de esta manera: ven la adversidad como la lección necesaria para empujarlos hacia su objetivo, no como el obstáculo que los detiene. El miedo empujó a los oponentes y los *haters* de Kyle a criticarlo, pero también los alejó de la lona y la jaula. Empujó a Kyle a probar sus límites y a perseguir sus sueños con aún más energía y resolución. Como dijo el gran Lionel Richie: «La grandeza nace del miedo. El miedo puede derrotarnos y mandarnos a casa, o podemos pelear hasta vencerlo».

Por eso es tan importante la adversidad y por eso es la segunda lección en este libro. Primero tenemos nuestra visión y después nos enfrentamos a los obstáculos. Aquellos que son verdaderamente grandes no se preocupan por esto: es inevitable, pero no es el fin del mundo. En cambio, ven esta dosis de realidad como un desafío: el de aprender un nuevo idioma, redirigir su energía hacia el camino correcto o que su visión pase de ser una fantasía a convertirse en un plan realista y práctico.

Se me ocurrió que este era el hilo conductor en la vida de Kyle, pues solía preguntarse: «Bien, ¿qué es lo que no debería ser capaz de hacer y cómo puedo lograrlo? ¿Cómo puedo descubrir la forma de hacerlo?». Lo había llevado a taclear al portador de la pelota en su infancia, a hablar en medio de gigantes al final de su adolescencia y a escalar el monte Kilimanjaro cuando tenía algo más de 20 años. Nació sin brazos ni piernas, así que simplemente ha tenido que cambiar y ajustarse para adaptarse a todo, a la vida diaria.

De esta manera, todos debemos agradecer por nuestra particular forma de adversidad, pues es lo que nos ayuda a llegar a donde queremos ir. «Lo que se interpone en el camino se convierte en el camino». Por ejemplo, me impresionó escuchar que Kyle pasa mucho tiempo trabajando con veteranos de guerra que perdieron extremidades en batalla y que, cuando los conoce, se siente agradecido. No siente aversión, afinidad o compasión, sino agradecimiento.

«No sé cómo se sienta perder las extremidades. Yo nací sin brazos ni piernas, así que no puedo opinar sobre eso», me dijo. Así fue para él. No tuvo que sufrir la sensación de pérdida y miedo que sienten esos veteranos. Tampoco sufrió su dolor y los efectos persistentes de esas heridas. Piensa en la perspectiva que se necesita para vivir con esa actitud, agradeciendo por haber nacido con una discapacidad porque hay peores maneras de llegar a la condición en la que te encuentras. Su perspectiva y su actitud me inspiran. Siempre que tengo un «mal día», pienso en Kyle y me doy cuenta de todo lo que tengo que agradecer.

Esto es algo que los grandes hombres y mujeres entienden: un problema, obstáculo o adversidad es irrelevante en sí mismo. Lo que importa es la actitud y la respuesta. Ellos aprenden de los obstáculos todo lo que necesitan para conseguir sus objetivos. Aprenden la importancia de perseverar en sus metas *a pesar de* las adversidades. Aprenden el idioma para decirle al mundo lo que quieren hacer y en quiénes se quieren convertir.

Es gracioso, mientras hablaba con Ángel Martínez, esto surgió casi palabra por palabra. Al igual que yo, Ángel terminó por ser exitoso en los negocios (¡obviamente mucho más exitoso que yo!) gracias a una combinación de visión, talento y perseverancia, y descubrió muy pronto que el camino a una buena autoestima era sudoroso, intenso y competitivo... y que no estaba donde había esperado encontrarlo. Yo pensé que lo encontraría atrapando pases de *touchdown*, pero resultó estar al final de diez extenuantes eventos de atletismo. Ángel pensó que encontraría su camino en el beisbol.

«Yo quería jugar beisbol profesional, como todos los niños cubanos, pero cuando tenía 14 años creo que medía 1.60 metros y pesaba 50 kilos. No podía batear ni lanzar la pelota fuera del diamante; fildeaba bien y lanzaba bien a primera y segunda base, pero nada más. Eso estaba bien cuando era niño, pero en la secundaria era una historia diferente».

Al igual que ocurrió con Kyle y yo, uno de los sueños de la infancia de Ángel chocó con implacables limitaciones físicas y, al igual que nosotros, tuvo que buscar otro camino. Para Ángel fue correr.

«Lo que me atraía de correr era que podía ser tan bueno como yo quisiera», me confesó. «En las carreras de larga distancia no hay un entrenador que te mande a la banca o que te diga que no puedes jugar. Y el reloj nunca miente. No hay subjetividad. Recuerdo que cuando empecé a correr, los más grandes me dijeron: "Solo hay una regla: no puedes detenerte. Puedes ir tan lento como sea necesario, pero no puedes detenerte. No puedes rendirte"».

LENTO Y SEGURO, GANARÁS UNA CARRERA DIFERENTE

Si hay algo con lo que debas quedarte de la Escuela de la Grandeza acerca de perseguir tu visión y pelear por tus objetivos, es esto: puedes ir tan lento como quieras, pero no puedes detenerte. No puedes rendirte ni dejar de dar lo mejor de ti.

Sin querer, Ángel le dio esta lección a su hijo, Julian, que corría a campo traviesa en el Claremont McKenna College. «Siempre me había escuchado hablar de todo esto», dijo Ángel, refiriéndose a Julian. «Fui a verlo a una competencia, y él estaba a mitad de una carrera de ocho kilómetros cuando sintió un fuerte dolor en su espinilla. Empezó a bajar el ritmo y me di cuenta de que algo estaba mal. Fui con él y le pregunté: "¿Qué pasa, Julian?". Tenía una expresión de dolor, pero me ignoró y terminó la carrera». Julian se había roto la pierna en el cuarto kilómetro. Dos horas después de acabar la carrera, estaba enyesado. Cuando Ángel le preguntó por qué no se detuvo, la respuesta de su hijo fue simple y obvia: «Nunca me rindo, papá». No lo olvides, los grandes nunca se rinden.

Por supuesto, no se trata de exponerte a propósito a un golpe o a un dolor que vaya a lastimarte a la larga (en el capítulo 5 hablaremos más sobre la importancia de experimentar el dolor), pero lo importante es la idea y la intención que hacen que no te rindas y hagas tu mejor esfuerzo siempre. De eso estamos hablando ahora.

«Correr te enseña lo necesario para ser exitoso en la vida», explicó Ángel. «Es una metáfora para muchas cosas que debes aprender. Correr, como la vida, es asumir un reto a diario. Hay días en los que no te sientes tan bien, hay días en los que te sientes genial. Hay días en los que no te sientes inspirado; en otros llueve y hace frío, pero aun así sales a correr. Es muy importante aprender esta lección de niño: todo requiere de compromiso, debes creer en ti mismo y en que puedes lograr todo lo que quieras. No hay límites para lo que puedes hacer».

Yo lo descubrí en mi entrenamiento para el decatlón y sigo cosechando los beneficios hasta hoy, cuando entreno con el equipo nacional de balonmano de Estados Unidos. Hubo muchos momentos en los que no tenía ganas de entrenar, en especial después de una lesión. Sufrí varias en los últimos cuatro años, mientras me entrenaba para este nuevo deporte. Padecí tres desgarros en la ingle, tuve que picarme el codo con una aguja para drenar fluidos en múltiples ocasiones, me esguincé los tobillos, me rompí varios dedos e incluso recibí un codazo en la garganta que me hizo escupir sangre durante una semana entera. La lista de chipotes, roturas y moretones es casi interminable, pero cada lesión me enseñó una lección: después de cada recuperación, di los pasos necesarios para seguir avanzando, aprendí de ellas (eso espero) y tengo la experiencia suficiente para convertirlas en ventajas. Una vez que experimentas el poder de este triunfo sobre la adversidad —en muchos sentidos, sobre ti mismo—, tienes todo lo necesario para levantarte del sillón y seguir jugando. Kyle Maynard también lo experimentó y lo sigue haciendo cada día de su vida. Pero no solo se levanta del sillón, escala montañas en mitad de África.

En 2012 escaló los casi seis mil metros del monte Kilimanjaro, en Tanzania, como parte de un equipo de nueve hombres. Sin ayuda de su equipo y sin prótesis, Kyle básicamente avanzó a paso de oso sobre sus codos por 12 días y medio (10 días para subir y dos y medio para bajar). Al año mueren media docena de personas (con todas sus extremidades) en esa montaña. Llegar a la cima es un logro increíble, pero hacerlo como lo hizo Kyle... bueno, no hay ninguna palabra que pueda expresarlo excepto ¡*grandioso*!

Kyle no estaría de acuerdo, como es obvio, porque no es así como ve la situación. De hecho, lo más sorprendente es que no lo hizo por él mismo en absoluto. Al haber nacido en un hospital del ejército de Estados Unidos y tener un padre militar, a Kyle siempre le ha gustado trabajar con veteranos de guerra. Emprendió la misión de subir al Kilimanjaro por ellos. El objetivo, según me dijo después, era «enviarles a algunos de nuestros veteranos que literalmente sacrificaron sus extremidades por nuestra libertad el siguiente mensaje: "Sí, pasaron cosas horrendas, pero aún tienes la capacidad de crear la vida que deseas. Tal vez no quieras escalar el monte Kilimanjaro, pero puedes hacer lo que te propongas"».

En algún momento, la adversidad llega a la vida de todo el mundo. Por lo general, lo hace sin avisar y no trae dulces y flores. Adopta diferentes formas y nos pega de diferente manera a cada uno de nosotros, pero aprender a enfrentarla y superarla consiste en doblarte sin llegar a romperte ante las abrumadoras situaciones que te presente. Requiere que conectes tu cabeza y tu corazón a ese pozo de energía que tienes en tu interior para empujarte en una dirección positiva.

Kyle lo tuvo que hacer el cuarto día de su ascenso, pues sus codos y pies estaban tan hinchados y le dolían tanto que estaba casi destrozado. Ángel Martínez lo hizo como corredor, empujándose con esfuerzo kilómetro tras kilómetro. El problema al que él se enfrentó, cuando trataba de correr más lejos y más rápido, fue que sus zapatos no eran lo bastante buenos. Para conseguir unos tenis para correr medianamente decentes tuvieron que ir a Berkeley (él se había mudado del Bronx al área de la bahía de San Francisco) y comprar unos zapatos importados por una compañía llamada Blue Ribbon Sports. ¿Quién era el importador? Se llamaba Phil Knight, y fue el que fundó Nike unos años más tarde.

Ángel vio que estos hombres se ganaban la vida solucionando un problema del deporte que él amaba, y pensó: «¿Por qué no voy a hacerlo yo? ¿Por qué no puedo ganarme la vida uniendo mi pasión actual [correr] con mi pasión de la infancia [los tenis]?». Al final empezó a trabajar en una pequeña tienda y le compró la mitad de la compañía al dueño. Unos años después, un par de ingleses entraron al local esperando que los ayudara a vender una nueva marca. Se llamaba Reebok.

A esto me refiero cuando digo que el obstáculo puede ser el camino. Si no hubiera sido chaparro, si no hubiera sentido que tenía algo que probar, Ángel nunca habría entrado en contacto con el negocio que cambió su vida y se convirtió en su vocación. Como él lo dice: «Siempre hay un desafío si no te ves a ti mismo como una persona convencional», así que más vale que te prepares y estés listo para la adversidad... y para aprovecharla al máximo.

En los dos últimos años, cada vez que las cosas se ponían difíciles, siempre recordaba a Kyle y Ángel de manera automática y pensaba: «¿Cómo podría haber algo por lo que no me sienta agradecido?». Claro, al igual que todos, hay cosas que no me gustan. No estoy diciendo que debas ser Pollyanna o un optimista desmedido. No estoy hablando de autoengaño. Lo que quiero es que veas las cosas con los ojos bien abiertos. Cuando era joven, me preocupaba mucho si algo malo pasaba o me deprimía si las cosas no salían como yo esperaba. Ahora recuerdo, de una forma real y significativa, que cuento con ventajas milagrosas que tal vez otros no han disfrutado. Si Kyle pudo lograr todo lo que ha hecho, si Ángel pudo pasar de una humilde vivienda en el Bronx a la oficina de una empresa multimillonaria, yo también puedo perseguir mis sueños y buscar mi propia versión de la grandeza sin tener una mala actitud cuando las cosas no salen como lo espero. Cuando me enfrento a la adversidad, siempre trato de recordar los ejemplos que ellos dieron y me siento agradecido por nuestra amistad.

Si miras las cosas con los ojos bien abiertos, con una perspectiva diferente, podrás ver las oportunidades que están frente a ti y sabrás cómo usarlas a tu favor. Al final del día, si lograr los sueños fuera sencillo, ya todos lo habrían hecho y nadie tendría esa molesta sensación que nos motiva o nos deprime. Lo que hace que cumplir tus sueños o realizar tu visión sea mucho más especial es el trabajo que te costó conseguirlo, demostrar que la adversidad no es rival para ti. ¡De eso se trata todo esto!

EJERCICIO:

ACEPTA LA ADVERSIDAD (INTERNA Y EXTERNA)

La adversidad es una dificultad o infortunio que a la mayoría de las personas les genera una cantidad de estrés difícil de manejar. Pero aquellos que aprenden a usar las adversidades a su favor tienen el poder de convertir la adversidad en grandeza. Claro que esto se dice más fácil de lo que se hace, porque a nadie le *gusta* la adversidad. Cuando la experimentas por primera vez y no estás preparado, se siente como un fracaso. La adversidad significa fracasar, y fracasar significa que eres malo en algo. Es una sensación horrible.

En realidad, el fracaso es solo retroalimentación. No es que seas malo, insuficiente o incapaz. El fracaso (o la retroalimentación) te da la oportunidad de detectar lo que no está funcionando y averiguar cómo solucionarlo.

Todos fracasan. Las personas exitosas fracasan muchas más veces que las demás y corren riesgos más altos. Una vez que entendemos esto, podemos ver el fracaso como algo de lo cual enamorarnos, en lugar de huir de él. Thomas Edison soportó diez mil fracasos antes de crear el foco, pero cada uno era retroalimentación que le informaba que aún no descubría la solución y que cierta elección en particular no era la correcta para una tarea determinada. Sus fracasos no demostraban incompetencia; al contrario, resaltaron su brillantez e incrementaron la posibilidad de que su siguiente intento fuera el exitoso.

A veces el obstáculo más grande al que nos enfrentamos somos nosotros mismos. Sentimientos negativos, dudas internas o autodesprecio: todos sabotean nuestra visión desde nuestro interior. La adversidad seguirá en tu vida hasta que ajustes tu perspectiva y aceptes el mensaje que el fracaso te está enviando. Escucha la retroalimentación y aplícala a tus acciones; antes de que te des cuenta, la adversidad empezará a desaparecer.

Este es un ejercicio que puedes y debes practicar cuando esos sentimientos negativos amenacen con sobrepasarte. Ten en cuenta que debes hacerlo a diario hasta que empieces a cambiar y vivas sistemáticamente de una forma que los ayude a ti y a tu visión y que no te sabotee.

PRIMER PASO: SÉ CONSCIENTE DE LA ADVERSIDAD

Nadie está libre de sufrir adversidades y, aunque el dolor es inevitable, la desesperanza es opcional. Descubre cuál es exactamente la adversidad a la que te enfrentas y por qué está sucediendo. Esta es tu oportunidad de responsabilizarte de cualquier tipo de adversidad que se interponga en tu camino. Enfócate en el *porqué,* en su raíz.

Hay dos tipos de adversidades:

1. **LAS PEQUEÑAS ADVERSIDADES DIARIAS QUE SURGEN DE VEZ EN CUANDO:** peleas en tu relación, no conseguir el aumento que querías en el trabajo, recibir una multa de tránsito, tener malas calificaciones, sentirte cansado o estresado, sentir que estás en un entorno inseguro, etcétera.
2. **LAS GRANDES ADVERSIDADES, QUE SON MÁS RARAS:** una muerte en la familia, un accidente automovilístico, terminar una relación, perder tu trabajo, quiebra económica, etcétera.

Cuando aceptes que la adversidad es inevitable, por fin podrás prepararte para el futuro. ¿A qué adversidades te enfrentas en este momento? ¿Qué hay en tu vida que se siente como si estuviera evitando que cumplas tu visión y alcances la grandeza?

Escribe tus adversidades y a continuación trata de identificar si son obstáculos crónicos y cotidianos que parecen detener tus avances o si son momentos problemáticos pero aislados que te empujan fuera del camino.

¿Cómo has lidiado con estos problemas hasta ahora? ¿Cómo has lidiado con problemas similares en el pasado? ¿Has superado alguno de estos problemas? ¿Qué hiciste? Tus respuestas te pueden aportar sabiduría e introspección, si no sobre qué hacer, sin duda lo harán sobre qué no hacer.

Si te pareces aunque sea un poco a mis clientes y a alguno de los grandes maestros que conoceremos en los próximos capítulos, lo que solías hacer cuando recién comenzabas este camino y te topabas con una adversidad seguramente era ignorarla o evitarla. A veces tratabas incluso de imaginar que no estaba ahí. Yo soy culpable de haber caído en esos comportamientos en el pasado.

No hace falta que lo diga, pero esto es algo que no debes hacer. No puedes evitar, ignorar o negar la adversidad. Encuentra la adversidad a la que te enfrentas y acéptala por lo que es. Si la ignoras o tratas de resistirte, solo la harás más fuerte.

SEGUNDO PASO: ESCRÍBELO O COMPÁRTELO

Ahora que estás consciente de la adversidad a la que te enfrentas, escribe cómo te hace sentir y por qué crees que te hace sentir así. Esto te ayudará a aliviar en cierta medida el estrés que sientes y a sacarlo de tu interior, porque ahí es donde más daño te hace. También te permite tener un registro de lo que sientes en el tiempo para que puedas buscar patrones o áreas de oportunidad. Escríbelo en papel y con pluma. Si no tienes, anótalo en tu teléfono o computadora. Con el paso del tiempo, querrás que este registro esté reunido en un mismo lugar para poder consultarlo: ten eso en mente al decidir dónde anotarlo. Ahora, ¡sácalo! ¡Acepta tu adversidad!

Por ejemplo: estoy enojado/estresado/frustrado porque tuve una pelea con mi novia, preocupado porque me despidieron del trabajo, temblando porque tuve un accidente en auto, etcétera.

Si te guardas todo esto en tu interior, eso solo creará más adversidad en tu vida. Recuerda: si te resistes, persiste.

Si prefieres expresarte de forma verbal, entonces busca un «amigo de adversidades» con quien puedas ir siempre que te sientas frustrado por algún fracaso o estés batallando con un problema específico. Llega a un acuerdo con este amigo para que la relación sea recíproca: tú también deberás escucharlo sin juzgar para que pueda expresar sus emociones y después haga lo mismo por ti.

En el siguiente capítulo leerás algunas historias y harás ejercicios que te ayudarán a encontrar un propósito en momentos de crisis.

TERCER PASO: MERECES RECONOCIMIENTO

Cuando dejes atrás los sentimientos negativos, reemplázalos reconociendo todo lo que has hecho en el día/semana/mes/año. ¡Eres capaz de hacer grandes cosas! Aunque te parezcan pequeñas, siempre representan un paso adelante respecto del punto anterior en el que estaba tu vida. La mayor parte del tiempo nos comparamos con alguien de nuestra familia o de nuestra profesión, y al hacerlo nos hacemos más daño, pues no nos damos el crédito que merecemos por el avance que hemos tenido en nuestro viaje. Concédete reconocimiento por estar leyendo esto: el conocimiento es poder. Esta es la prueba de que tienes buenas intenciones.

Estos son algunos ejemplos de cosas por las que puedes darte reconocimiento: llegar a tiempo al trabajo, ir con frecuencia al gimnasio o hacer ejercicio, comer saludablemente, cumplir con tu palabra, etcétera.

CUARTO PASO: EXPRESA GRATITUD

Es difícil que te sientas mal si te enfocas en las cosas por las que te sientes agradecido. Dile a tu pareja, a un amigo o a alguien de tu entorno las tres cosas por las que te sientes más agradecido en este momento; después pide que te digan las tres cosas por las que ellos están más agradecidos. Como es obvio, no tienes que decirle a la otra persona que te estás autoflagelando por dentro; solo sé consciente y enfócate en una conversación de gratitud. Cuando das, recibes. Es increíble lo que puede facilitar hacerle un halago a alguien.

Ejemplos: estoy agradecido por mis increíbles amigos. Estoy agradecido por mi salud, por poder caminar, ver y sentir. Estoy agradecido por mi familia y el apoyo que me dan. Estoy agradecido por la cama en la que duermo.

QUINTO PASO: RECONECTA CON TU VISIÓN Y ENTRA EN ACCIÓN

Regresa a enfocarte en eso que quieres lograr y en por qué lo quieres lograr: tu Certificado de Logro y tu Plan de Declaración Personal que vimos en el capítulo 1. Después descubre cuál será el siguiente paso para hacer que tu visión se haga realidad y entra en acción. El movimiento fomenta la confianza y los pensamientos y las emociones positivas, así que es importante que entres en acción cada vez que te sientas abatido o te enfrentes a una adversidad.

Cuando estés en crisis o pelees contra la adversidad en cualquier situación de tu vida, estos cinco puntos te ayudarán a combatir los sentimientos negativos y derrotistas para que puedas empezar a trazar un nuevo camino hacia la realización de tu visión para alcanzar la grandeza.

CONSEJO DE ENTRENAMIENTO

Aprende a enamorarte de la adversidad. No caigas en una actitud negativa ni creas que el obstáculo es lo que te está frenando; mejor encuentra la forma de que te impulse a cumplir tus sueños. Recuerda: nadie ha logrado algo grandioso sin enfrentarse a la adversidad. Esto no quiere decir que debas sufrir al enfrentar cada obstáculo. Aprende a equilibrar la adversidad y sus dificultades estando agradecido por lo bueno que hay en tu vida y trátate con cariño. Date tiempo de sanar, de ser desordenado, de experimentar los sentimientos dolorosos a los que te enfrentas. Está bien, eres humano. Tratarte mal mientras te enfrentas a la adversidad es lo peor que puedes hacer, así que asegúrate de quererte y rodearte de gente que te quiera, te apoye y te dé ánimos. Recuerda tu visión, tu Certificado de Logro y los principios por los que te riges. Cuando estés listo, da el siguiente paso hacia tus sueños y vive el día perfecto. Está a tu alcance, cada vez más cerca de convertirse en realidad. Acepta la adversidad y entrégate a ella. El fracaso es solo retroalimentación. Úsalo y mantén tu compromiso con tu visión a través de acciones constantes. No te detengas ahora, sigue avanzando. Puedes hacerlo y yo estaré ahí en cada paso.

ATERRIZANDO

Hay una gran diferencia entre la persona que consigue excelentes resultados y la que obtiene resultados promedio. Empieza en las conversaciones que suceden en su cabeza, en la forma en que creen en sí mismos. Cuando empiezas a creer en tus dones, ya estarás a medio camino de alcanzar la grandeza. Para hacerlo, debes aceptar en qué punto estás en tu viaje y entender que, si no eres feliz, tienes el poder de cambiarlo. Lo único que tienes que hacer es aprender las habilidades adecuadas y ponerte a trabajar.

El objetivo de este capítulo es enseñarte las habilidades necesarias para que creas en ti mismo con tanta fuerza que ningún desafío, por extremo que sea, pueda quebrantar tu determinación. Toma nota y prepárate para contar con una poderosa voz interior y un entendimiento más claro de lo que necesitas para ser un campeón. Esta no es solo una lección para los deportes; aplica de la misma manera para la vida, el amor, los negocios y el espíritu.

3
CULTIVA UNA MENTALIDAD DE CAMPEÓN

Entiendo que nada es fácil.
Digo que todo pasa por una razón.
Sueño con que un día el mundo esté en paz.
Trato de ver lo positivo en todo,
soy una niña cariñosa a la que le gusta dar marometas.
SHAWN JOHNSON, PRIMERO DE SECUNDARIA

Michael Jordan, Serena Williams, Michael Phelps, Tom Brady, Janet Evans, Michael Johnson, Mia Hamm, Michael Schumacher (son muchos Michaels, pero entiendes el punto). ¿Qué se siente estar en la mente de los campeones? Desde lejos, pueden parecer superhumanos, supersuertudos o ambos. La gente cuenta con ellos, les da todo el dinero y los mejores lugares de estacionamiento. La pelota siempre parece caerles en las manos.

Es como si vivieran en un mundo diferente al nuestro, y en cierto modo es así. Su mundo es tan claro como el agua. No está nublado, ni es turbulento ni está lleno de inseguridad, una descripción que sí puede ajustarse al nuestro hasta que clarificamos nuestra visión, superamos las adversidades y desarrollamos la mentalidad correcta, la mentalidad de un campeón.

La mentalidad de campeón se basa en el enfoque, la fluidez, las creencias y la inteligencia emocional. Consiste en la dedicación absoluta a tu visión y futuros logros. Cuando hago el ejercicio de visualización que aprenderás al final de este capítulo, me gusta describirla así: un estado mental único que te permite ponerte en la mejor posición física, mental y emocional para ser exitoso.

No me malinterpretes cuando hablo de un estado mental único. No quiero decir que solo algunas personas puedan tenerlo, sino que la visión de la grandeza que define tu actitud mental y tus esfuerzos es única para ti. También, que ese estado mental es diferente a cualquier otro que experimentarás en la vida.

He experimentado cómo se siente estar dentro de la mente de un campeón. De hecho, es muy probable que todos lo hayamos hecho, solo que en ese momento no lo sabíamos. Yo no me di cuenta la primera vez que me sucedió, solo estaba haciendo lo que creía que debía hacer. Estaba completamente concentrado en lo que tenía enfrente. Resulta que ese es uno de los componentes principales en la mente de un campeón, y yo lo descubrí en el extremo de una garrocha de cuatro metros y medio y al final de una pista de cuarenta metros.

Fue durante el verano de mi último año en la universidad. Pasé los seis meses anteriores estirando, empujando, jalando, cargando y esforzándome para estar en la mejor condición física de mi vida, preparándome para la final universitaria nacional de atletismo de la División III de la NCAA en Waverly, Iowa. Mi evento, el decatlón, duró dos días y puso a prueba el trabajo duro que hice como preparación. Después de fracturarme tres costillas en el segundo juego de la temporada menos de un año antes, había regresado más fuerte que nunca. Llegué a pensar que la lesión había terminado con mi sueño de convertirme en un All-American, pero el decatlón le dio nueva vida a mi sueño moribundo. Solo debía terminar entre los mejores ocho competidores y convertiría ese sueño en realidad.

Cuando empezó la competencia, estaba lleno de adrenalina y me sentía fuerte. El primer día de actividades, me fue muy bien en unos eventos y no tan bien en otros. Comencé el segundo día cerca del noveno lugar y sabía que debía obtener un gran resultado en el tercer evento, el salto con garrocha, para subir al podio All-American.

En el salto con garrocha, cada uno de los competidores debe saltar cierta altura inicial para sumar puntos. Después tienes tres oportunidades con cada altura, pero si fallas en la altura inicial, terminas el evento con cero puntos (lo que prácticamente te deja sin posibilidades de quedar en los primeros lugares). En el campeonato nacional decidí que mi primera altura sería una con la que me sentía cómodo: tres metros y medio. Estaba seguro de mí mismo, corrí por la pista y brinqué tan alto que pude haber alcanzado cuatro metros y medio; sin embargo, en el descenso rocé la barra y la tiré. Pero todo estaba bien: aún me quedaban dos intentos y sabía que lo lograría en el siguiente. En mi segundo intento corrí más rápido que antes, en el proceso alargué demasiado mis pasos y no respeté mi marca. Dejé de correr medio metro antes del lugar ideal desde el tenía que saltar y traté de compensarlo lanzándome hacia delante. Subí cuatro metros, pero bajé del lado de la pista, sin llegar a alcanzar la barra. De repente, mi tercer —y último— intento era más importante, y la presión, mayor.

Solo tenía 22 años, pero sentía que mi vida dependía de lo que pasara en ese momento. Si lo lograba, tendría la oportunidad de ser All-American. Si no, mis 22 años (en especial los últimos seis meses, en los que me había matado entrenando) carecerían de sentido. Así era como me sentía. Mi sueño de grandeza dependía de esto.

El salto con garrocha exige fuerza, técnica y elegir el momento preciso. Para un decatleta es un momento crítico. En 1992, la antigua compañía de Ángel Martínez, Reebok, lanzó una gran campaña publicitaria antes de los Juegos Olímpicos de Barcelona, enfocada en Dan O'Brien y Dave Johnson; la llamaron «Dan & Dave». Se trataba de dos de los mejores decatletas del mundo, y eran favoritos para ganar medallas. El único problema fue que en las pruebas preliminares Dan no calificó para los Juegos Olímpicos. Adivina por qué. No alcanzó la altura necesaria en el salto con garrocha, falló los tres intentos. «Dan & Dave» se convirtió en «Dave... y los demás».

Mi entrenadora me lanzó una mirada penetrante pero tranquila y segura; extrañamente, en lugar de entrar en pánico, recordé cuando tenía seis o siete años y estaba sentado en el sillón con mi papá viendo un partido de futbol americano mientras él me contaba de los All-Americans y lo que significaba ser uno de ellos. Ese sentido del honor y el propósito, por encima de los logros atléticos, se quedó conmigo siempre. Despejó mi mente de la confusión o las distracciones del momento. Sentí cómo me quitaba un peso de encima. Estaba seguro no solo de lo que debía hacer, sino de cómo tenía que hacerlo. En ese momento entré en un estado de enfoque absoluto mientras corría por la pista garrocha en mano. Llegué a mi marca y me elevé, superando la barra sin problemas. Al mismo tiempo, me llené de felicidad y alivio.

Logré un récord personal, brinqué más de cuatro metros y cerré bien los dos eventos siguientes.

Ese día me convertí en All-American.

En los últimos 10 años, he experimentado variaciones de ese mismo enfoque láser un par de veces más, no solo en los deportes, sino en mis negocios o relaciones personales. Es adictivo. Sin embargo, hay personas que nunca lo han experimentado y, al no conocerlo, no saben de lo que se pierden o de lo que serían capaces de lograr con su ayuda. Hay personas que ni siquiera se han acercado a ese grado de desempeño y excelencia.

Yo nunca estuve ni cerca de conseguirlo antes de ese día en el salto con garrocha. Eso no quiere decir que no lo hiciera bien antes, pero la diferencia entre hacerlo bien y alcanzar ese estado —situarse en la mente de un campeón— es fundamental para la grandeza, sin importar si hablamos de deportes, de negocios o de la vida en general. Fue ese día, recostado en la colchoneta del salto mientras miraba la barra, todavía a cuatro metros sobre mi cabeza, cuando me di cuenta del poder que tiene entrar en ese estado en cualquier área de tu vida. Ahora lo llamo «enfoque láser», pero en ese momento no reconocí lo que me había ocurrido, no hasta que hablé con dos personas increíbles: Steven Kotler y la gimnasta olímpica Shawn Johnson, ambos grandes maestros de nuestra escuela.

Steven Kotler es el autor de *The Rise of Superman: Decoding the Science of Ultimate Human Performance.* Si dijera que había estado esperando este libro durante toda mi vida me quedaría corto. Durante mi infancia en Ohio, no era más que un niño blanco y delgado que trataba de aprovechar cualquier oportunidad para elevar su nivel atlético y ser el mejor jugador que pudiera en todos los deportes. Quería saber cómo entrar en «la zona» como los

All-American y los campeones que tanto admiraba o, como dice Steve, en un «estado de fluidez».

«La fluidez», me explicó Steven, «es un estado mental óptimo de conciencia en el que podemos dar nuestro mejor rendimiento. En la fluidez, estamos tan enfocados en lo que hacemos que todo lo demás desaparece. El tiempo acelera, de tal forma que cinco horas se sienten como cinco minutos, o parece congelarse, como cuando estás en un accidente de tránsito. Tu yo interior, tu sentido de autoconciencia, desaparece por completo, al mismo tiempo que todos los aspectos de tu rendimiento, físico y mental, se elevan sin medida».

¡Sí! Así fue exactamente como me sentí mientras corría por la pista en Iowa, colocaba la garrocha en el suelo y me elevaba por encima de la barra, cada vez más cerca de mi sueño. Sin embargo, hablando con Steven, me di cuenta de que estaba equivocado en algo: esa no fue mi primera experiencia con la fluidez. Dos años antes había tenido una experiencia similar en el campo de futbol americano, en un juego en el que me sentía imparable, invencible. Fue en ese juego cuando batí el récord de yardas.

Recuerdo que durante el primer cuarto pusieron a un *defensive back* pegado a mí. Antes de que me diera cuenta, ya eran dos y después fueron tres, con un *safety* que se acercaba cada vez más. Pronto sentí que le habían encargado a todo el equipo que me cubriera, pero no importaba cuántas personas pusieran de mi lado del campo, lo que hicieran o lo que intentaran hacer. La pelota me buscaba y yo atrapaba cada pase. Me sentía como uno de los receptores abiertos de los Green Bay Packers en el juego del Monday Night Football contra los Oakland Raiders en 2003, cuando Brett Favre jugó el día después de la muerte de su padre. Recibieron todo, sin importar a dónde él lanzara el balón. Así me sentí.

Lo gracioso es que perdimos el juego por un *touchdown* (42-35), y recuerdo que al final yo estaba más deprimido que otra cosa. Sentía que no había recibido suficientes pases o conseguido bastantes yardas. No tenía ni idea de cuáles eran mis estadísticas, pero todos se acercaban a mí para felicitarme mientras caminábamos al vestidor. «Jugaste increíble, ¿cuántos pases crees que atrapaste?». No tenía idea. Pensé que ocho, quizá 10; ese habría sido un buen número para cualquier receptor. Pero no quería pensar en eso, así que cuando al final me metí a bañar seguía preguntándome: «¿Qué pude haber hecho diferente? ¿Cómo pude haber sido un mejor compañero de equipo?». Me quedé solo en el vestidor, hundido en la miseria de aquel fracaso y, al verme, mi entrenador se acercó y me dijo: «Solo quería felicitarte. Batiste el récord de yardas recibidas en un solo juego, 418».

Los números exactos eran 418 yardas en 17 recepciones, incluyendo cuatro *touchdowns*. Sí, estuve en un estado de fluidez. El mismo en el que viven los campeones y del que surge la grandeza. Para ser honestos, estaba un poco en shock. Estaba contento por haber logrado algo que nadie había conseguido en la historia del futbol universitario (ni de ningún otro nivel), pero también me sentía responsable de la derrota y estaba ocupado tratando de descifrar qué podría haber hecho mejor. Fue un momento agridulce, pero siempre lo recordaré, no solo por el récord, sino porque en ese estado de fluidez me sentía como Superman, y sabía que me quería sentir así todo el tiempo, dentro y fuera del campo.

Por fortuna, la fluidez no es exclusiva de los atletas, según aprendí de Steven más tarde. La consultoría McKinsey hizo un estudio durante 10 años con directivos que se encontraban en estados de fluidez, y descubrieron que estos son cinco veces más productivos que cuando no lo estaban. En porcentaje, eso quiere decir que son 500 % más productivos. DARPA* hizo un estudio con francotiradores, induciéndoles un estado de fluidez de forma artificial con estimulaciones transcraneales directas y enseñándoles habilidades para la adquisición de blancos. Los francotiradores aprendieron estas habilidades 230% más rápido. En otro estudio, DARPA también indujo un estado de fluidez de forma artificial en un francotirador y recortó en un 50% el tiempo de entrenamiento necesario para que pasara de aprendiz a experto.

Eso es la fluidez y lo que hace, pero ¿cómo la consigues? ¿Cómo llegas al estado mental necesario para conseguir 418 yardas, un aumento en la velocidad de aprendizaje de 230% e incrementos de 500% en productividad?

«Hay dos maneras», me explicó Steven. Por un lado, nace «de la necesidad: el nivel de productividad ha aumentado tanto al menos en el caso de los atletas que, si no entraras en un estado de fluidez mientras juegas, terminarías en el hospital o muerto». Sin duda, me siento identificado con ese punto. Con tres backs defensivos pegados a mí, si hubiera tratado de recibir un balón en medio del campo sin entrar en un estado de fluidez, habría terminado en el suelo sin aire o con un par de costillas rotas.

El otro modo en que sucede es cuando te rodeas de los detonantes de fluidez necesarios. Los grandes lograron crear ambientes con la mayor fluidez que pudieron, y todo lo que pasa en su vida la detona. Los psicólogos hablan de ello como un código

*DARPA son las siglas de Defense Advanced Research Projects Agency. Es, en esencia, la sección de investigación y desarrollo del Departamento de Defensa de Estados Unidos. Lockheed Martin tiene a Skunk Works, y el Departamento de Defensa tiene a DARPA. Sobre todo, DARPA es conocida por haber creado internet.

fuente de motivación intrínseca. Otra forma de expresarlo es que los cinco neuroquímicos que obtienes cuando entras en estado de fluidez (noradrenalina, dopamina, anandamida, serotonina y endorfina) son los químicos más adictivos del mundo. Te hacen más veloz, rápido, fuerte y motivado. Según Steven, producen el mismo efecto en tu desempeño mental que en el físico.

En ese momento lo comprendí.

Lo que Steven estaba diciendo era que la fluidez dependía de la mentalidad, de cómo percibes tu situación y cómo recibes información. Para estar en fluidez, para pasar sobre las adversidades como si no fueran nada y acercarte a tu visión, debes tener una mentalidad de campeón.

En el documental de John Little *Bruce Lee. El viaje de un guerrero*, hay una gran cita de Bruce Lee que explica la fluidez, cuando habla de convertirse en agua: «Vacía tu mente. No tengas forma alguna. Como el agua. Pon agua en un vaso, y se convertirá en el vaso. Ponla en una botella, y será la botella. Ponla en una tetera, y será la tetera. El agua puede fluir o puede golpear. Sé agua, amigo». Para mí, un estado mental de campeón es como ser agua.

Aunque lo había experimentado en mi vida, y Steven había ayudado a confirmar mis intuiciones, no fue sino hasta que conocí a mi siguiente maestro que vi cómo esas ideas tomaban forma humana. Sería difícil encontrar a alguien que, libra por libra, tuviera una mentalidad de campeón más poderosa que la de Shawn Johnson. A los 16 años, cuando medía menos de metro y medio y pesaba 40 kilos, ganó una medalla olímpica de oro en la barra de equilibrio y se colgó otras tres de plata en las competencias por equipos, individual y de suelo en los Juegos Olímpicos de Beijing, en 2008, mientras cientos de millones de personas la veían en vivo o por televisión. Después, como si quisiera probar que la notable determinación que había demostrado no había sido producto de la suerte, Shawn le enseñó al mundo cómo llevar esta mentalidad de campeona a otras áreas de la vida y ganó la octava temporada de *Bailando con las estrellas* poco después de regresar de Beijing.

Desde que la conocí, supe que Shawn era la maestra indicada para enseñarme a cultivar la mentalidad correcta. Yo mido casi dos metros y ella apenas metro y medio, así que, por supuesto, nos vimos en una clase CrossFit para demostrar quién era el mejor. Este es mi libro, así que no diré que me pateó el trasero, solo que me ganó (y a todos los de la clase también), una derrota tan absoluta que fue un poco vergonzosa. No debió haberlo sido; después de todo, estamos hablando de una mujer que participó y ganó en el nivel deportivo más demandante, enfrente de miles de millones de personas, y lo hizo antes de tener edad suficiente para votar. Es obvio que tiene dotes físicas increíbles, pero creo que estaremos de acuerdo en que su victoria frente a mí (ah, y frente al resto del mundo de la gimnasia) tiene tanto que ver con estas dotes como con su mentalidad ganadora.

«La gimnasia me enseñó todo: lecciones de vida, responsabilidad, disciplina y respeto», afirmó Shawn. Imagina todo el entrenamiento y la disciplina que debió tener a una edad en la que los demás solo jugábamos videojuegos y suspirábamos por nuestro primer beso. Imagina el enfoque, la claridad de sus metas y la autodeterminación que necesitó. Todo eso forma parte de la mentalidad de campeona. Traté de imaginarlo por años, pero esa parte siempre me faltó. Era algo que podía ver en los grandes y los atletas que vivían en un estado de fluidez y con los que siempre me comparé (todos los Michaels), pero aun así me costó trabajo, me sigue costando trabajo de vez en cuando incluso hoy, en mi vida privada y en los negocios.

La razón, supongo, es que la mentalidad de campeón se basa en creer. Si hay algo que sé de los campeones es que todos creen en algo. A veces creen que son lo mejor del mundo (como Muhammad Ali), o creen que han sido bendecidos por la mano de un poder supremo. Lo único que debes hacer es escuchar una entrevista a un atleta después de un juego para comprenderlo. El comentarista le dice algo como «felicidades por la victoria, ¡estuviste increíble! ¿Cómo lo hiciste?». El jugador suele responder con una de estas opciones: o bien dicen «quiero darle la gracias a Dios por concederme estos dones y estar siempre a mi lado, pues la gloria es suya», o se apoderan del micrófono, miran directamente a la cámara y hablan sobre lo mucho que entrenaron, afirman que nadie puede derrotarlos y que son los mejores exponentes de su deporte en la Tierra (piensa en Floyd *Money* Mayweather Jr. en el box). Más allá del ego, no deja de ser cierto que la mayoría de los *grandes* atletas creen tanto en sí mismos y en su deseo de cumplir sus metas que nada puede interponerse en su camino. Ni siquiera el fracaso. Es esta seguridad al 100% de que conseguirán todo lo que se propongan lo que hace la diferencia en el camino a la grandeza.

He cumplido muchas metas desde mis días en Ohio. He alcanzado el éxito y ganado mucho dinero, pero por mucho tiempo lo hice por enojo, ego y resentimiento. Eso era lo que me empujaba a ser exitoso, y me provocó varios altibajos. Tenía grandes momentos y después bajones devastadores, llenos de dolor, sufrimiento, inseguridad, frustración y soledad. Se debían a que en el fondo no creía en mí mismo y no estaba seguro de si otras personas confiaban en mis capacidades. Tenía una visión clara y una buena cantidad de adversidades, pero esta falta de confianza me impedía desarrollar una mentalidad de campeón que me permitiera entrar a un estado de fluidez con más facilidad y así poder alcanzar la grandeza de forma inevitable.

Otra fantástica persona en la Escuela de la Grandeza me habló de este mismo tema: Chris Lee, un *coach* de transformación de 27 años, experto en liderazgo. «Creo que el trabajo más poderoso que podemos hacer con nosotros mismos es desarrollar estrategias que nos ayuden a descubrir, rediseñar y reinventar nuestras creencias», apuntó. «Porque la única forma de tener éxito en tu negocio o en tus relaciones personales, la única forma de que tu vida será exitosa, es elevando lo que eres. Eso es lo que aportas en lo que haces, y afecta a lo que tienes. Si sigues repitiendo lo mismo una y otra vez, obtendrás el mismo resultado».

Chris destacó un problema al que nos enfrentamos muchos en el camino a la grandeza: hacemos lo mismo una y otra vez, culpando a factores externos de la falta de buenos resultados en vez de revisar nuestras creencias, es decir, nuestra mentalidad. Creer en ti mismo puede tener un lado negativo, y esta es una de las lecciones más poderosas que aprendí de mis conversaciones con Shawn Johnson: la humildad. Los campeones no pueden dejar que el ego y la confianza se transformen en delirio. La confianza en ti mismo debe ser una de las armas de tu arsenal cuyo poder respetes y veneres. No puede ser usada como una armadura impenetrable que genere una sensación de invencibilidad o superioridad. Esta distinción puede marcar la diferencia entre conseguir tus sueños y que el fracaso te tome por sorpresa (o llegar a la cima y después caer rápidamente).

Shawn usó como arma la confianza en sí misma durante su actuación en Beijing. «Toma el control del aparato», dijo el comentador mientras ella iniciaba su rutina sobre la barra de 10 centímetros de ancho, a más de un metro del suelo. «Está claro que tiene el control». Ella ganó el oro porque tenía el control de su confianza en sí misma y, por ende, de todo a lo que se enfrentara. Pero no siempre es así para muchas personas.

«He visto que la confianza en uno mismo puede ser destructiva», me explicó. «Porque te conviertes en una persona que dice "Creo en mí mismo con tanta fuerza que voy a ganar, que me entregaré por completo", pero eso evita que prestes atención y respondas a lo que los demás están haciendo en la competencia. Cuando eso pasa, muchos se niegan a asumir su responsabilidad a la hora de enfrentar las adversidades».

Por eso, una parte fundamental en la mentalidad de campeón es la búsqueda de la perfección y la excelencia, independientemente de los resultados externos. Esto es muy diferente del deseo de «ganar». Shawn, como muchos otros atletas, no está tan obsesionada con ganar como con entregarse por completo. «Nunca me enfoqué en ganar, y menos aún cuando empezaba a competir y terminaba en el lugar 30 y algo de 39 competidores. Nunca se trató de ganar, no me importaba. Solo quería mejorar. Creo que lo único que me impulsó a trabajar más y llegar a la cima del podio fue esa sensación de orgullo que tienes al ser exitoso. No tenía nada que ver con una medalla, eso era solo un extra. Lo importante era saber que me había esforzado al máximo y obtenía reconocimiento por ello, saber que me había esforzado como nunca y, si eso solo alcanzaba para situarme en el último lugar, también habría sido feliz».

Cultivar una mentalidad de campeón no se hace de la noche a la mañana. Visión, enfoque, disciplina, autoconfianza, humildad y la persecución de la grandeza son productos del desarrollo de la inteligencia emocional, un arte que requiere de mucha práctica. Nunca «llegas» a un punto en el que sabes o tienes todo. La grandeza no es algo que se te entregue o a lo que te entregues, sino algo en lo que tienes que trabajar todos los días. Toma años de dedicación, disciplina y ambición que perduran a pesar de cualquier obstáculo que surja en relación con tu salud, los negocios, tus relaciones y el mundo que te rodea. Si te comprometes con el proceso de desarrollar la mentalidad correcta para ti, rebasarás todos los límites que antes creías insuperables.

Steven Kotler nos enseñó qué es la fluidez y por qué sucede. Shawn Johnson nos dio los elementos de la mentalidad de campeón que se necesitan para alcanzar la fluidez y la grandeza; entre ellos están el enfoque, la dedicación y la confianza en uno mismo, moderada por humildad. Chris Lee nos pidió que evaluáramos nuestro sistema de creencias personal, las ideas y los principios que sirven de apoyo para lo que estamos tratando de lograr y convertirnos en la persona que deseamos. A veces, son estas cuestiones las que impiden que avancemos en nuestro viaje a la grandeza, no los factores externos a los que nos encanta culpar cuando nos topamos con la adversidad.

De hecho, no fue hasta que digerí todas esas lecciones que mi pódcast empezó a despegar. Lo que la mayoría de las personas no sabe es que el pódcast *The School of Greatness* empezó como extensión de mi negocio en línea, no tenía un gran plan para él. Por fortuna, tomó fuerza en los siguientes meses gracias a la comunidad que construí en redes sociales. Aun así, tampoco iba a ninguna parte que yo pudiera señalar, porque no había articulado ninguna visión en específico para él (tenía una visión para mí, estudiar el cerebro de los grandes maestros, pero eso no era suficiente), así que era imposible que me enfocara en él como era necesario. Por este motivo, mis adversidades se sentían como una montaña en vez de como un escalón. Al empezar mi trabajo con Chris Lee, decidí darle un giro y enfocarme en hacer programas que reflejaran mis creencias personales y ayudaran a la mayor cantidad de personas que fuera posible. Estar en un lugar en el que me sentía cómodo no solo me dio la confianza necesaria en mí mismo; también me ayudó a acceder a la energía y el deseo que antes solo sentía en el campo de juego. Entonces, antes de que me diera cuenta, el pódcast empezó a despegar y ve dónde estamos ahora.

Quizá te estés preguntando: «¿Cómo lo hiciste? ¿Cómo fue el proceso?». Al igual que Shawn Johnson, miles de campeones han volteado a mirar en su interior para desarrollar estos atributos positivos. Gracias a la visualización, la meditación, el *mindfulness* y el enfoque en cultivar la inteligencia emocional, han aprendido a acceder a la poderosa creencia de que pueden tener éxito, de que su visión es clara, sus obstáculos superables y su camino a la grandeza una realidad.

He desarrollado algunos ejercicios que te ayudarán con cada paso del proceso: visualización, meditación, *mindfulness* e inteligencia emocional. Hazlos y empezarás a construir una mentalidad de campeón.

EJERCICIO #1:

VISUALIZACIÓN

El propósito de la visualización es ver los resultados que quieres lograr antes de que sucedan. Es algo que hacía en los deportes cada temporada y que sigo haciendo en mi vida con frecuencia.

En el futbol americano quería ser un gran receptor abierto y amaba ver a Jerry Rice. Estudiaba sus mejores jugadas una y otra vez hasta visualizarme haciendo exactamente lo mismo que él hacía.

La noche antes de un juego podía verme en el campo. Revisaba cada jugada en mi cabeza y me imaginaba corriendo las rutas a la perfección, atrapando el balón y corriendo a la zona de anotación en cada jugada.

Unas horas antes del juego recorría el campo a pie. Me imaginaba haciendo todo lo que visualicé una noche antes y experimentaba el sentimiento de lograr grandes jugadas y ganar el juego. Este procedimiento me preparaba para cualquier cosa que pudiera pasar y me ponía en situación para hacer con mi cuerpo lo que ya había hecho en mi mente.

Hago esto todas las semanas en mi vida personal y en mi negocio. Este libro es un ejemplo perfecto. Durante varios años antes de escribirlo, me visualicé entrando a las librerías y viendo mi obra en las mesas grandes de la entrada. Me imaginé en firmas de autógrafos, hablando frente a miles de personas y difundiendo estas lecciones clave de la grandeza para inspirar al mundo. Lo hice durante años antes de siquiera sentarme a escribir.

También practico la visualización antes de llamar a las personas por teléfono, ya sea por un asunto personal o de negocios. Pienso en lo que quiero conseguir con esa llamada: quizás un resultado específico en un negocio, la forma en la que quiero que alguien se sienta después de charla o cómo pretendo resolver una situación particular. Visualizo el proceso entero.

Cada noche, visualizo lo que quiero lograr al día siguiente. Antes de dar un discurso o una conferencia en línea, imagino el impacto que quiero tener. Puedes hacerlo antes de tener una cita, preparar tu comida o cualquier cosa que hagas. La visualización es un procedimiento poderoso, pone a tu mente en el camino que lleva al éxito.

TU PROCESO DE VISUALIZACIÓN

Crea un espacio despejado y sin distracciones. Yo prefiero que sea en la naturaleza, pero para ti puede ser tu parque favorito o una banca. También puedes intentarlo en tu cama antes de dormir o al despertar. Yo también hago visualizaciones en la regadera, imaginando que estoy debajo de una cascada.

Relájate y tranquilízate. Respira profundo y visualiza todo lo que quieras completar. Nada negativo, solo resultados positivos.

Si tu visión es ser padre, visualízate cargando a tu hijo recién nacido, cómo se ve y se siente.

Si es estar en una relación con tu alma gemela, visualízate abrazando a esa persona; los dos están sonriendo y se sienten satisfechos y completos en ese momento.

Si es tener un negocio exitoso, visualízate cerrando tratos importantes, entrando a tu oficina y ayudando a tus clientes.

En cada proceso, sumérgete en la experiencia: ¿a qué huele o sabe? ¿De qué color es? ¿Qué escuchas?

La clave al visualizar es ver lo que sea que imagines como si estuviera completo. Después pregúntate cómo te sientes en ese momento. ¿Qué te dicen tus sentidos?

Escucha música si eso te ayuda a relajarte, o el proceso puede ser silencioso; es tu elección.

Recomiendo que lo hagas todos los días por cinco minutos, visualizando el resultado que buscas (ninguna visión es demasiado chica o grande para este ejercicio). También recomiendo hacerlo antes de tomar cualquier gran oportunidad que se te presente.

Trata de visualizar lo que quieres obtener antes de que llegue ese momento.

EJERCICIO #2:

MEDITACIÓN. UN RESPIRO DE 15 SEGUNDOS PARA CENTRARTE

Si el objetivo de la visualización es llenar la mente con una imagen del lugar al que quieres llegar, la meditación consiste en limpiar tu mente de todo lo demás, de las superfluas distracciones, obsesiones, dudas y trivialidades que no permiten que nos enfoquemos. Es algo que debemos hacer todas las mañanas y todas las noches antes de dormir (al menos yo siento que mis días son más poderosos y útiles cuando lo hago en la mañana y en la noche). Para vivir un día digno de un campeón, debes comenzarlo y terminarlo como si fueras un campeón.

La clave de la meditación es enfocarte en tu respiración y estar consciente de ella. Debes desconectarte y simplemente respirar. Inhala felicidad, exhala estrés. Siéntete en conexión con el mundo, con el universo y, más importante aún, contigo mismo. Cualquier cosa que te desconecte de los negocios, de tu profesión, del estrés o la pesadez diaria es grandiosa para ti.

Tomé mi ejercicio favorito para respirar de otra de las grandes personas de las que he tenido la oportunidad de conocer, el psicólogo deportivo Jim Afremow. En su libro *The Champion's Mind: How Great Athletes Think, Train and Thrive*, Jim habla largo y tendido sobre la importancia de respirar para rendir como un campeón.

«Cuando estamos bajo presión, aguantamos la respiración y eso hace que el oxígeno no llegue a nuestro sistema como debería, y además aumenta el estrés muscular», me explicó Jim cuando hablamos. «La tensión muscular es el enemigo número uno de los deportistas. Si eres nadador, hará que vayas más lento. Si saltas con garrocha, no llegarás tan alto. Respirar profundamente ayuda a liberar nuestra mente del estrés y las expectativas, además de relajar nuestro cuerpo. Creo que es importante que realicemos un ejercicio de meditación al día o que, al menos, hagamos una respiración profunda y tratemos de fijarnos en ella, asegurándonos de hacerlo profundamente».

RESPIRO DE 15 SEGUNDOS PARA CENTRARTE

1. Respira profundo por la nariz y cuenta del uno al cinco lentamente mientras tu estómago crece.
2. Aguanta la respiración por dos segundos.
3. Suelta el aire por la boca contando del uno al ocho.

Prepárate, este es un gran respiro. No es algo que puedas hacer durante todo el día, es solo para reiniciar tu respiración, pero la clave está en la exhalación. Es un poco más larga que la inhalación, y es donde obtienes la respuesta relajante.

«Cuando pensamos en respirar profundamente, la mayoría de nosotros piensa en inhalar, en que deben aspirar mucho, pero esa es la parte estresante», me explicó Jim. «Sacar ese aire es la parte relajante y lo que hace que te sientas bien».

Te sorprenderá cómo te sentirás si lo haces antes de dormir, de una junta o un evento. Cuando nos enfocamos en respirar, en vez de en las cosas que nos estresan o nos dan miedo, no las dejamos entrar. Inténtalo en este momento y repítelo cuatro veces (un minuto en total). Cuéntame cómo te sentiste mandándome un *mail* a lewis@schoolofgreatness.com. Cada vez que te sientas estresado o agobiado, regresa a este ejercicio por 60 segundos. Te dará claridad para dar tu siguiente paso, donde quiera que estés.

Si quieres otro ejercicio de meditación guiada, consulta la página schoolofgreatness.com/resources para encontrar más recursos gratuitos.

EJERCICIO #3:

MINDFULNESS

Si aún no lo tienes, quiero que empieces un diario de agradecimiento. Quiero que escribas tus pensamientos y expreses gratitud. Cada noche, escribe en tu diario de gratitud lo que te está funcionando bien y lo que no. Tómate el tiempo para anotar todo aquello de lo que te sientes orgulloso y reconoce las cosas increíbles que has hecho. Después escribe lo que estás dispuesto a hacer para que esas cosas que hiciste bien sigan avanzando.

Por ejemplo:

Hoy cerré el negocio más grande de mi vida. Estoy orgulloso de mí mismo y es un sueño hecho realidad.

Mañana seguiré llevando mi producto/servicio/mensaje al resto del mundo para ayudar a más personas.

Después, escribe todas esas cosas a las que reaccionaste de una manera inadecuada o que no fueron efectivas y evitaron que obtuvieras los resultados que esperabas. Piensa en lo que te faltó en ese momento (paciencia, amor, valentía, seguridad, etc.). ¿Qué te comprometes a hacer y en quién te vas a convertir la próxima vez que te enfrentes a ese tipo de momentos?

Por ejemplo:

Hoy no cerré la venta.

Lo que me faltó fue la seguridad necesaria en mi producto y fui demasiado agresivo al tratar de conseguir un buen resultado en la venta, en vez de mostrar mi interés por el cliente potencial.

No estaba comprometido con tener una relación con ese cliente. La próxima vez me enfocaré en entender sus necesidades y deseos, en vez de en el resultado que yo quiero.

Pensamos en estas cosas constantemente, pero rara vez las decimos en voz alta o las escribimos. Verbalizar y escribir estos pensamientos te permitirá estar consciente día a día de lo que crees y analizar lo que funciona y lo que no. Con el tiempo, tendrás un registro de lo que ha funcionado y de lo que ha fallado, de lo que has hecho que ha mejorado las cosas y de lo que has hecho (o no) que las ha empeorado. Reconocerás patrones que te dejarán boquiabierto. Así que, aunque no veas resultados inmediatos con este ejercicio de *mindfulness*, ten en cuenta que estás trabajando para obtener resultados en un futuro cercano, cuando ya estarás listo para verlos y aceptarlos.

EJERCICIO #4:

INTELIGENCIA EMOCIONAL: VIVE EN EL PRESENTE Y CONÓCETE

El primer paso hacia la grandeza es tener una visión para tu futuro, pero la mejor forma de alimentar esa visión es estar emocionalmente presente para poder dedicarle tu máxima atención a cada momento.

Me encanta bailar salsa, y no solo porque involucre estar cerca de hermosas mujeres que saben cómo moverse. Me encanta porque es algo que me obliga a estar presente en el momento. Si te preocupa cómo te ves, ya sea por estar haciendo algo equivocado o por no ser lo bastante bueno, o si estás pensando en literalmente cualquier cosa que no sea el lugar y el momento en los que te encuentras, tu pareja se dará cuenta (y también todos los que te ven). Para ser un buen bailarín de salsa necesitas estar presente, conectado con lo que expresas en ese momento y con tu pareja para poder guiarlos (o que te guíen) al siguiente paso o movimiento de la canción.

En eso, la vida se parece mucho a bailar salsa. Debes estar presente, conectado y enfocado en hacer sonreír a alguien más si quieres crear algo significativo cada día. No siempre es fácil. A veces puede darte miedo enfocarte y exponerte así, pero ¡es extremadamente eficaz y puede tener resultados mágicos!

Debes aprender a estar seguro de quién eres y a creer en ti mismo. Todos los campeones, incluso cuando están asustados, se apoyan en su confianza en sí mismos y en el trabajo que invirtieron para llegar hasta donde quieren ir.

La inteligencia emocional consiste en poder cambiar al momento para estar consciente de tus emociones y no dejar que estas te controlen o detengan. Tú eres quien las usa para seguir avanzando. Mientras más desarrolles tu inteligencia emocional, mejor podrás lidiar con los problemas emocionales de tu vida (contigo mismo, con tus amigos, en las relaciones íntimas de tu vida o en tu carrera).

En pocas palabras, la inteligencia emocional es la habilidad de entender y controlar tus emociones y las de los demás para ser capaz de usar ese poder a la hora de guiar tus pensamientos y tu comportamiento.

Uno de los factores clave de la inteligencia emocional es conocerte a ti mismo: tus fortalezas y tus debilidades. Para lograrlo, tendrás que recibir retroalimentación acerca de la forma en la que te presentas ante los demás y el mundo. Con esa información, desarrollarás un conocimiento más amplio y preciso de tus fortalezas y debilidades.

PRIMER PASO

Enlista cinco fortalezas y cinco debilidades.

EJEMPLOS DE FORTALEZAS

Poderoso
Cariñoso
Apasionado
Comprometido
Disciplinado

EJEMPLOS DE DEBILIDADES

Controlador
Temeroso
Indisciplinado
Crítico en exceso
Hiperanalítico

SEGUNDO PASO

Busca tres personas que sean brutalmente honestas contigo y que puedan darte retroalimentación sobre tus cinco fortalezas y debilidades. Cuando tengas esa información, compara las listas que te dieron con la que tú hiciste. De este modo, sabrás lo que debes reforzar en tu vida (las fortalezas) y en lo que debes trabajar para mejorar (tus debilidades). También te ayudará a calibrar la percepción que tienes de ti mismo. ¿Te ves más o menos como te perciben las otras personas o te estás engañando a ti mismo, ya sea de forma positiva o negativa?

Si puedes ser brutalmente honesto contigo mismo y encuentras a personas que lo sean contigo, este ejercicio sin duda te dará mucho que pensar.

EJERCICIO EXTRA: llama a alguien de tu pasado con el que antes tenías una relación estrecha, pero con quien ahora ya no te hablas (puede ser una expareja, un antiguo amigo o un familiar con el que simplemente perdiste el contacto). Pídeles también a ellos que hagan una lista con tus fortalezas y debilidades. Puede que sus respuestas te sorprendan, y te reto a hacerlo para ver qué lecciones aprendes de esta conversación.

CONSEJO DE ENTRENAMIENTO

Siempre has sido grandioso porque eres único y nunca habrá nadie como *tú* en el universo. La mayoría de las personas no creen en sí mismas ni en sus habilidades porque no entienden lo especiales que son. En realidad, todos somos especiales y solo nosotros tenemos la habilidad de creer en nosotros mismos. Puede que tengamos a otras personas que nos apoyen desde la banda, pero, aunque contemos con todo el apoyo del mundo, algunos de nosotros encontramos la forma de autosabotearnos. En el juego de la vida, nosotros estamos al mando. Somos nosotros quienes decidimos qué hacer. Nuestra voz interna —nuestra confianza en nosotros mismos— es lo que determina nuestra mentalidad, y nuestra forma de pensar nos encamina al éxito o al fracaso.

Puedes elegir. Una posibilidad es tener pensamientos promedio y conseguir resultados promedio, y otra, pensar como un campeón y cosechar resultados excelentes. ¿Cuál eliges? Creer en ti mismo solo requiere un poco más de esfuerzo que menospreciarte. Toma la decisión de gastar tu energía en mejorar tu mentalidad y hacer cosas que te den confianza, en lugar de insultarte. Piensa siempre en lo únicos y especiales que son tus dones en este mundo. Tú eres el primero que debe asumirlo para que los demás puedan creerlo. Ahora, ¡ve y haz que suceda!

ATERRIZANDO

Si pudiera atribuir mi éxito a una sola cosa, sería al tema del siguiente capítulo: el trabajo duro. Todo empezó en el segundo año de secundaria, en el equipo de basquetbol de la escuela. Lo único que quería era entrar al equipo, formar parte de algo y contribuir de forma positiva. Quería ser aceptado y valorado. Creo que todos queremos sentir que los demás nos valoran, que importamos y que lo que hacemos es significativo. El equipo de basquetbol era mi primera oportunidad para experimentarlo de forma organizada. Sin embargo, ni mi cuerpo ni mis habilidades se habían desarrollado para ese momento, pero yo no quería que me excluyeran (uno de mis grandes miedos era que me eligieran al último, porque ya me había pasado antes), así que corrí de un lado a otro como loco, salté por toda la cancha y demostré que tenía toda la pasión del mundo y que quería trabajar duro (una cualidad destacada por todos los entrenadores inteligentes). Estaba dispuesto a sacrificar mi cuerpo como ningún otro niño. Mientras que los demás no querían verse tontos o tenían miedo de lastimarse, yo tenía una visión diferente. Mi esfuerzo funcionó: no solo me eligieron para el equipo, sino que trabajé hasta ser titular en el primer equipo del que formé parte.

Se necesita algo más que trabajo duro para ser grande, pero no puedes ser grande sin un deseo ardiente por hacer lo que otros no quieren hacer. El sacrificio, de alguna manera, será una parte necesaria de este proceso, y quien esté dispuesto a sacrificarse trabajando duro será quien tenga éxito a largo plazo. Prepárate, porque es momento de aceptar que tal vez no seas el mejor y dar un paso más hacia la grandeza

4
TRABAJA DURO

Nadie me va a regalar el éxito.
Soy yo quien debe salir a conseguirlo.
Por eso estoy aquí. Para dominar. Para conquistar.
Al mundo y a mí mismo.

ANÓNIMO

En 1991, un estudiante de música de segundo año en una universidad del Medio Oeste estadounidense cometió el error de venderle drogas a la persona equivocada. Hasta ese momento no había hecho mucho más que fumar marihuana y venderle un poco a sus amigos. Sus antecedentes penales se limitaban a pequeños actos de vandalismo en la preparatoria. Entonces, como suele ocurrir cuando tienes 18 años, trató de ir más lejos y probar sus límites. Empezó a experimentar con drogas más serias como el LSD, pero era inocente y la audacia propia de la juventud se apoderó de él. Le vendió LSD a alguien que no era parte de sus amigos cercanos y que resultó ser un policía encubierto. Su suerte empeoró aún más y, como sucede en las películas malas que pasan en televisión, el juez, presionado para dar ejemplo, lo sentenció de seis a 25 años de prisión.

Es una historia sin rostro y atemporal que va más allá de la raza, la clase social y la religión. Un joven comete un error que cambia su vida y la de su familia para siempre. Todos sabemos muy bien cómo suelen acabar estas historias: el chico pasa sus años de desarrollo en prisión y sale peor de lo que entró. La vida en el exterior se vuelve demasiado difícil y cae de nuevo en el crimen, esta vez con delitos más graves. El ciclo se repite.

Sin embargo, esta historia es un poco diferente, porque este joven no regresó a la cárcel. En efecto, después de ser liberado cinco años más tarde por buen comportamiento, se convirtió en uno de los mejores violinistas de jazz en el mundo. Salió de prisión motivado: quería practicar, arrepentirse y ser humilde. Y quería trabajar duro para darle sentido a su vida. Ninguna tarea era demasiado pequeña, ninguna tocada era demasiado insignificante, ningún fan potencial le resultaba tan indiferente como para no dedicarle todo su esfuerzo. Y trabajó duro.

Además, la historia es un poco diferente por otra cosa. El nombre de ese joven es Christian Howes. Es mi hermano mayor.

El viaje de Chris me enseñó una de las lecciones más importantes sobre la grandeza: *cómo trabajar duro*. No, no me refiero a cómo trabajar duro vendiendo drogas en la calle, sino a otro tipo de esfuerzo. Del tipo que te hace sudar y logra que los demás volteen a verte, maravillados por tu ética profesional. Pero, como todas las lecciones sobre el trabajo duro, no empezó como una luz de esperanza en un cielo sin nubes; nació cuando la necesidad se encontró con la adversidad.

Chris fue a la cárcel cuando yo tenía 8 años. Fue un golpe muy duro para todos. Recuerdo estar sentado en el coche afuera del juzgado, preguntándole a mi mamá qué pasaba mientras ella lloraba desconsolada. Pregunté por qué estaba pasando todo aquello, pero mis padres no me dijeron nada, hasta que hubo una sentencia. Cuando se corrió la voz y todos en el vecindario se enteraron —algo que no toma mucho tiempo en una zona residencial de una pequeña ciudad de Ohio—, ninguna mamá dejaba que sus hijos jugaran en mi casa. Estaba en segundo de primaria y, aunque tenía a mis padres y a mi hermana, me sentía solo e indefenso.

En retrospectiva, la situación de Chris no debió haber sido una sorpresa. A pesar de su genio musical, que lo certificaba como niño prodigio, siempre tuvo problemas. «Nunca me sentí motivado», me confesó. «No tenía objetivos. Solo me dejaba llevar, no estaba siendo sincero». Sin embargo, nada de lo que pasaba tenía sentido para mí. No se sentía real. Yo creía que solo los asesinos iban a la cárcel. Chris no había hecho nada parecido, y tampoco se veía como yo creía que debían verse las personas que iban a la cárcel. No tenía la nariz rota como los malos en las caricaturas de Bugs Bunny. No tenía una barba descuidada ni tatuajes en la espalda como un pandillero. Solo era Chris, mi hermano mayor, al que admiraba. Era un gran tipo, aunque había tomado decisiones muy tontas. Y además, a pesar de todo, cuando lo vi en persona detrás de las barras, siguió siendo un héroe para mí.

Eso no cambia el hecho de que fue un momento muy impactante y traumático en nuestras vidas. Las familias no suelen salir intactas de un contacto con la cárcel. Chris siempre sería un exconvicto, y yo siempre sería el niño de un hogar roto cuyo hermano fue a prisión. Siempre seríamos «esa familia» para nuestros vecinos. Si Chris hubiera caído en la trampa en la que caen muchos, se hubiera aferrado al trauma y pasado sus años en prisión enojado y resentido con el mundo. Pudo haber culpado a los policías, al sistema o a nuestros padres. Pudo haberse rendido. La lista de factores externos a los cuales culpar es virtualmente interminable para quien quiera encontrarlos. Pero tomó una decisión clara: sobreponerse al estigma y al infotunio de su encarcelamiento haciendo que su vida resurgiera de las cenizas.

Se dedicó de nuevo a su talento musical. «Cuando entré a la cárcel», me dijo más tarde, «tuve un propósito. Sabía que quería ser mejor persona. Quería ser un hombre y hacer algo con mi vida». La música iba a ser ese algo. Se sobrepuso a la monotonía y encontró la mentalidad correcta, practicando con la banda de la cárcel cada semana. Era el único blanco en un grupo que tocaba gospel, rap, R&B y soul (Chris creció tocando música clásica), pero aceptó el desafío y obtuvo lo que podría verse como una maestría carcelaria en apreciación musical y resiliencia del alma. Desarrolló una serie de habilidades —tanto mentales como físicas— que lo diferenciarían en el mundo del jazz y que prendieron la chispa inicial de su inusual ascenso.

Para sobrevivir en prisión, debes vencer a tu propia mente y protegerte de todos los que tratan de tomar lo que es tuyo (tus cosas, tu dignidad, tu salud, tu libertad). Tienes que ser fuerte, no solo física sino también mentalmente, y no puedes caer en la desesperación ni en la apatía. Para tener oportunidades en el exterior una vez que te liberan, el desafío es el opuesto: debes atravesar los muros con los que se rodean las personas que no quieren darte nada de lo que necesitas (respeto, oportunidades, el beneficio de la duda). Cuando Chris salió, tuvo que enfrentarse a la realidad de ser un exconvicto, así como a las opiniones, prejuicios y miedos de las personas a las que conoció mientras trataba de retomar su carrera. Lo logró gracias a una combinación de pasión y trabajo duro, tanto dentro como fuera de la cárcel.

URGENCIA SIN PENA

Hay una gran cita de Publilio Siro, un liberto de la antigua Roma que se volvió famoso por su sabiduría. «No menosprecies los escalones de abajo en el camino a la grandeza», aconsejaba, lo que básicamente quiere decir que nunca te consideres demasiado bueno para algo. Así lo hizo Chris. Cuando recién salió, tocaba allí donde le dieran oportunidad. Empezó tocando gratis en restaurantes solo para empezar a hacerse de un nombre. Después fue a lobbies de hoteles, bares que abrían hasta tarde y diminutos clubs de jazz con cinco personas en la audiencia. Tocaba a la hora que le dijeran y por el tiempo que le pidieran, pero siempre ponía todo su ser en cada actuación: sangre, sudor, lágrimas y alma. Su pasión le abrió las puertas de lugares que ni puertas tenían.

«Cuando salí, no tuve miedo de promoverme», me contó. «Muchas personas no pueden superar ese miedo. En el mundo artístico se supone que debes ser *cool,* tocar tu música y dejar que las oportunidades lleguen. Pero me dije: "No me importa. Sé lo que quiero hacer. Quiero ser un gran violinista de jazz y compartir escenario con músicos importantes". Así que me entregué por completo a esa tarea».

Después de su última canción en cada set, Chris tomaba el micrófono para promocionarse. Agradecía al público por escucharlo, y después agarraba un montón de discos e iba de mesa en mesa tratando de venderlos. No tenía miedo de exponerse.

Una vez le pregunté por qué se esforzaba tanto en vender su música, sin aceptar un no por respuesta (incluso cuando alguien le decía en su cara «¡ni lo sueñes!»), y él me respondió: «No tengo por qué tener pena». Y tenía razón. Él se promocionaba sin pena, pero exponiéndose de una manera genuina, y funcionaba: la gente compraba su música.

Chris encontró algo que creo que describió mejor el 18 veces medallista olímpico Michael Phelps cuando, en una entrevista con Piers Morgan en la CNN, habló acerca de su entrenamiento como nadador: «Si quieres ser el mejor, tienes que estar dispuesto a hacer cosas que los demás no quieren hacer». Yo observaba con asombro cómo Chris lo intentaba todo, convenciendo a clientes para que invirtieran en su música y en su futuro. Para él era una forma de sobrevivir, de mantener a su joven familia y de trabajar haciendo algo que lo apasionaba. Estaba dispuesto a hacer todo lo que fuera necesario. «Cuando eres un hombre de negocios o un artista, debes tomar cualquier oportunidad que se te presente, y eso aplicaba en especial para mí, que estaba tratando de recuperar el tiempo perdido».

La ironía es que todos estamos tratando de recuperar el tiempo perdido. Esa es la esencia del trabajo duro en el camino hacia la grandeza: hacer lo que sea necesario y buscar oportunidades con urgencia, como si tu vida dependiera de ello. Porque, en efecto, tu vida depende de ello. La grandeza es la supervivencia de tu visión a lo largo de un periodo prolongado, y esta depende de tu disposición para hacer lo que sea necesario cuando enfrentas adversidades y de adoptar la mentalidad correcta para aprovechar las oportunidades allá donde se presenten. Después de todo, la grandeza no es algo que venga a ti; tienes que ir por ella, y está en constante movimiento. Si bajas la velocidad, se alejará. Si te detienes, verás cómo desaparece en el horizonte.

Desde aquellos días en clubs de jazz diminutos y festivales sin nombre, Chris ha realizado tours por todo el mundo, ha aparecido en la portada de revistas y tocado en el Lincoln Center y el Carnegie Hall; además, ha colaborado con otros grandes, como Les Paul, Greg Osby, D. D. Jackson y Spyro Gyra. Su lista de colaboradores y clientes es tan larga como mi brazo. Fue profesor en el prestigioso Colegio de Música de Berklee y fundó un exitoso campamento para violinistas de jazz al que iban profesionales de todo el mundo para aprender de él. Todo eso me debió haber sorprendido, pero no fue así, porque él entendía la importancia del trabajo duro en la búsqueda de la grandeza.

LEVÁNTATE Y SACÚDETE EL POLVO

No fui feliz durante los años que Chris pasó encarcelado. Nunca fui el niño más inteligente del salón; de hecho, era lo opuesto. Era feo y torpe, o al menos lo fui hasta la preparatoria. Era solitario, no tenía amigos. Me elegían al último para todo. Recuerdo haberles dicho a mis maestros varias veces: «Desearía estar muerto». Una vez, en la primaria, me llamaron a la oficina del director porque me estaba metiendo en problemas. Se lo dije también a él allí mismo, en su oficina: «No sé cuál es el punto de todo esto. Probablemente ni siquiera debería estar vivo». Sentía como si nunca fuera a importar nada de lo que hiciera.

Cuando liberaron a Chris, yo tenía 12 años y estaba en el peor momento de la vida de los niños: la secundaria. Fue el mejor día de mi vida. Nos llamó desde el teléfono del coche de mi papá, un Oldsmobile de 1988. «¡Pide un par de pizzas, hermano!», dijo.

«¡Ya voy a casa!». Cuando llegó me dio un enorme abrazo, justo lo que necesitaba. Había estado lleno de frustración y sentimientos confusos y dolorosos. Por fin tenía a alguien a quien respetaba y admiraba que también había pasado por un periodo de dolor y confusión.

Pero lo importante no era lamentarnos por nuestra mala suerte, sino su respuesta a las circunstancias negativas y su habilidad para sacarme del hoyo en el que me había hundido. No se acostó a llorar como tantas veces quise hacer (e hice) cuando era pequeño. Él se levantó y se mató trabajando. Una vez me dijo: «No puedo caer más bajo. Ya estuve en el fondo. Me defraudé a mí mismo y a mi familia, y decepcioné a todos. Ya no le tengo miedo a nada, menos aún a verme mal». En aquellos días en los que tocaba gratis en restaurantes, no llamaba por teléfono para agendar su actuación con el encargado. Solo se aparecía por allí. Iba de puerta en puerta hasta que alguien le decía que sí. Creó algo de nada. Tuvo que hacerlo así, pues se encontraba entre la espada y la pared. Tenía un compromiso con su visión de ser el mejor violinista de jazz que fuese capaz, y no había adversidad que pudiera interponerse entre él y su voluntad de ganarse la vida haciendo algo que amaba.

Ver cómo lo hacía —sentarme a su lado mientras definía su sueño, derribando cualquier obstáculo que se pusiera en su camino, y después perseguía la grandeza con perseverancia— fue algo que me transformó y que me sigue impactando hoy en día, cuando entiendo lo especial que fue. La pasión de Chris por la música y lo duro que trabajó por llegar a los fans que ya tenía y conseguir otros nuevos fue lo que me inspiró para levantarme del sillón de mi hermana en Columbus, años más tarde. Dormí en ese sillón por más de un año, seis de esos meses los pasé con un yeso que me cubría todo el brazo después de sufrir una lesión en la muñeca que terminó con mi carrera y me obligó a pasar por el quirófano en mi primera temporada como jugador profesional. Sin dinero para pagar la deuda de mi tarjeta de crédito y mi préstamo estudiantil, y sin un título universitario, me preguntaba si aún podía reorganizarme y descubrir cuál era mi propósito en la Tierra, pero ni siquiera pensaba en definir y alcanzar la grandeza. Había basado toda mi existencia en ser un atleta exitoso y, aunque había logrado aquel primer sueño de ser All-American, en ese momento languidecía lleno de autocompasión porque no había conseguido ser un deportista profesional. Mi visión se había terminado, y yo estaba deprimido y perdido.

El duro trabajo que realizó Chris al salir de prisión me hizo comprender que yo no estaba deprimido porque mi visión se hubiera arruinado, sino porque no había hecho el esfuerzo de levantarme, sacudirme el polvo y empezar a descubrir lo que seguía. Mi actividad no se terminaba, solo era diferente y había tomado una nueva dirección.

Poco después de esa epifanía, busqué a varias personas para que me guiaran: amigos de mi padre, entrenadores, mi hermano (obviamente, ¿por qué no ir directamente a la raíz de todo?), incluso Stuart Jenkins, el director de mi universidad, cuya sabiduría y valentía moral admiraba. A Stuart lo contrataron para hacer cambios y mejorar la universidad, y su decisión de despedir a miembros del profesorado cuyo rendimiento no era suficiente no fue popular. Sin embargo, sus esfuerzos mejoraron significativamente los estándares académicos de la escuela y él demostró ser un líder eficaz. En vez de decirme lo que estaba haciendo bien o mal, él me preguntaba: «¿Esto te está sirviendo?».

Durante ese periodo de incertidumbre, Stuart me sugirió revisar LinkedIn.com, una red social que estaba empezando a ganar una buena reputación entre empresarios y profesionistas. De inmediato vi que tenía potencial para conectarme con importantes figuras de ese ámbito, y empecé a hacerlo como si mi vida dependiera de ello. Comencé buscando específicamente personas que trabajaran en los deportes, porque mi última experiencia había sido jugar futbol americano de manera profesional y sin duda podría ser un buen inicio de conversación, sobre todo con personas de las que, en algunos casos, apenas si había escuchado o a las que, en todos los casos, ni siquiera conocía. Por fortuna para mí, estaba en lo cierto y empecé a conseguir un alto índice de aceptación.

¡En mi primer año conseguí 10 mil conexiones! Fue una locura, pero increíblemente emocionante. Me convertí en lo que Malcolm Gladwell llama un «conector» en su libro *El punto clave*. No pasó de un día a otro, pues construí esas relaciones una a una, con pasión y energía. Me reunía con la gente en persona, hablábamos por teléfono y los presentaba a alguien más que necesitara de sus habilidades.

Fue en ese momento, con mi carrera como profesional del deporte terminada y ya sin mi yeso, cuando empecé a ganar un poco de dinero presentando «eventos de *networking* de LinkedIn» en varias partes del país. Durante el siguiente año, presenté 20 eventos en las principales ciudades a los que asistían siempre entre 300 y 500 personas. Estaban impresionadas al ver cómo un joven de 24 años, exdeportista profesional y sin un título universitario, lograba reunir a tanta gente en un evento. Lo que no sabían era que yo les escribía un *e-mail* personalmente a cada uno de mis contactos en LinkedIn para que asistieran a mis eventos o para que se unieran a uno de los grupos que había creado. Tomé la misma actitud que Chris cuando salió de la prisión: no había nada que no estuviera dispuesto a hacer. Ya había llegado al fondo, así que el único camino era hacia arriba. Al ritmo al que estaba creciendo, no podría seguir escribiéndole un *e-mail* a cada uno de mis contactos por mucho tiempo, pero ese fue el inicio de todo lo que hago ahora y me enseñó una lección invaluable acerca del trabajo duro: cuando estás en una situación de desventaja, tienes que estar dispuesto a hacer lo que los demás no quieren hacer si deseas tener éxito.

Al final transformé mi presencia en LinkedIn en un negocio en línea muy lucrativo. No tenía experiencia en emprender un negocio, pero me repuse gracias a mi propio esfuerzo, seguí mi instinto, tomé los consejos de mis mentores y trabajé como nunca. No tomé días libres, no hubo descansos para tomar café. Apliqué el enfoque de Chris, ajustando los métodos que él ya había probado a la realidad práctica de un negocio que iba a crear de la nada. El resultado fue que el dinero empezó a llegar enseguida, cuando un par de años antes no sabía cómo iba a sobrevivir.

Mis frustraciones y miedos fueron los que me empujaron a trabajar tan duro. No quería ser un fracasado, no quería seguir pasando desapercibido. Iba a trabajar más que nunca y a soportar todo el dolor que fuera necesario. Esto es en parte lo que me ayuda a seguir avanzando cuando una reunión sale mal o sufro un fracaso rotundo. Sigue siendo así hoy más que nunca, cuando mi visión me lleva a inspirar a los demás a que alcancen la grandeza, y es lo que me hace esforzarme tanto incluso en los días más difíciles y oscuros.

LA MALDICIÓN DE DAVID: TRABAJAR MÁS *Y* CON MÁS INTELIGENCIA

Las personas que más se esfuerzan son aquellas que nunca han sido favoritas o que, aunque lo sean, no se ven a sí mismas de esa manera. Tienen una espina clavada o persiguen algo más grande que ellas mismas, porque es más difícil que quienes están en una posición de ventaja estén dispuestos a trabajar duro y a echar toda la carne al asador. No tienen a nadie con quien compararse o que les pise los talones, y su único referente es la línea de meta. Siempre eres más productivo cuando estás abajo, cuando eres David y no Goliat.

Pregúntale a Tom Brady, quien es quizás el mejor *quarterback* en la historia de la NFL. Cuando se retire estará en el Salón de la Fama, tiene cuatro anillos del Super Bowl, tres premios al jugador más valioso y se casó con una hermosa supermodelo. Y, sin embargo, sigue jugando cada partido con una rabiosa intensidad digna de un David, porque trae clavada una espina del tamaño de Goliat. No solo fue a la Universidad de Michigan, donde aterrizó en el *séptimo* lugar en la tabla de posiciones (era el *quarterback* con la posición más baja de todo el equipo), sino que, una vez que se hizo del puesto titular después de mucho trabajar durante su tercer año de universidad, tuvo que competir de nuevo con otro *quarterback*, Drew Henson, con quien su entrenador lo alternó durante toda la primera mitad de la temporada en su último año. Después, en la selección de la NFL de 2000, y a pesar de haber batido varios récords en Michigan y recibido honores de la Big Ten All-Conference, no fue seleccionado sino hasta la sexta ronda —una elección compensatoria, además—, en el puesto 199, por los Patriots de Nueva Inglaterra. De hecho, decir que la espina que Brady trae clavada es del tamaño de Goliat es decir poco. Es del tamaño de los 198 jugadores que fueron seleccionados antes que él, y de los 29 equipos que tuvieron cuatro o cinco oportunidades para elegirlo y decidieron no hacerlo. Él trabaja más que los demás para demostrarles a todos que se equivocaron. En este sentido, es un verdadero David.

Mi segundo nombre es David, así que siempre me he identificado con esta historia bíblica y con la posición de los más débiles. De hecho, me he sentido el más débil en casi cada momento de mi vida desde que era niño y me elegían al último en los deportes; a veces ni siquiera me elegían, y tenía que jugar solo porque nadie quería ser mi amigo. Es parte de lo que me impulsó a prepararme mejor que nadie, a ser mejor que nadie, porque no siempre voy a ser el más grande, el más fuerte o el más inteligente. Cuando no lo sea, seguiré teniendo que encontrar una forma de ganar a pesar de las circunstancias, aunque eso involucre contar con más energía, pasión o deseo que los demás. Si tengo que parecer un loco, lo haré. Siempre estoy dispuesto a invertir el tiempo y el esfuerzo necesarios porque recuerdo cómo se sentía que en la primaria me elegieran al último: la vida parecía no tener sentido.

El trabajo duro no consiste en trabajar con más inteligencia que intensidad, sino en hacer las dos cosas. Aquellos que se esfuerzan son mejores *y* peores. Toman su lugar en el mundo, en vez de esperar, desear o rezar para que les llegue o alguien se lo dé. Es esa espina davidiana del no favorito lo que con frecuencia les da un impulso extra en los momentos en que la grandeza parece más frágil.

De esta forma, Chris es, por familia y por elección, mi compañero de armas. Pero mi otra compañera de armas es Marie Forleo, escritora, presentadora de televisión y *coach* de negocios. Se define a sí misma como una «empresaria con muchas pasiones», lo que quiere decir que se comporta como un perro guardián que ataca todo con una ferocidad implacable y se esfuerza al máximo incluso con las cosas que no le gustan o que sabe que no serán a lo que se dedique por el resto de su vida. Y lo hace por una razón muy específica.

«Me llegaron muchas oportunidades por haberme entrenado para llegar como campeona a dondequiera que me presentara», me contó. «Me dieron mi primera oportunidad en una agencia en Wall Street porque hice un buen trabajo sirviéndole un capuchino a la persona indicada en la cafetería en la que trabajaba en la universidad. "Se ve que te preocupas por lo que haces. ¿Qué harás cuando te gradúes?". Yo estaba estudiando economía, pero no me imaginaba trabajando en finanzas corporativas o detrás de un escritorio. "Mi hermano trabaja en la bolsa, dame tu currículum"».

Una parte de mí no podía creer que eso hubiera sido todo lo que necesitó para conseguir un puesto en Wall Street, pero otra parte sabía, después de haber visto a mi hermano Chris, que no debes subestimar el poder del esfuerzo, pues te puede proporcionar una cantidad ridícula de oportunidades y potencial. Aun después de dejar su trabajo en Wall Street, Marie siguió actuando con la misma energía en su vida.

«Di clases de hip-hop en un centro de *fitness* llamado Crunch y, aunque sabía que no quería dedicarme a eso por el resto de mi vida, quise ser la mejor maestra. Como mis clases siempre se llenaban, mis jefes me eligieron para hacer una audición para un nuevo programa de Nike».

¿El resultado? Marie se convirtió en uno de los cuatro primeros entrenadores élite de Nike, un grupo que viajó por todo el mundo. No esperó a que alguien reconociera su talento, ella hizo imposible que no lo vieran poniéndolo justo frente a sus caras.

«No puedes ni predecir las oportunidades que te llegarán si lo haces», me explicó. «Cuando te muestras con la actitud de "voy a ser la mejor en esto y a sacar mis mejores armas", te sientes mejor, tienes más energía y los resultados son mejores».

Cuando salió de la cárcel, Chris tampoco esperó a nadie. No contaba con que sintieran lástima por él o le dieran las oportunidades con las que soñaba —tampoco podía lograr nada él solo en la industria—, así que salió y trabajó duro para convertir su visión en realidad. Les Paul, el famoso guitarrista, dijo alguna vez: «Solía ser muy difícil encontrar a un buen violinista de jazz, pero ahora hay cuatro o cinco increíbles». Creo que la competencia con todos esos violinistas que no habían perdido cuatro años en prisión fue lo que empujó a mi hermano a ser mejor. Fue lo que lo hizo trabajar duro para abrirse un hueco entre ellos. Y si la opinión de Les Paul cuenta para algo, el trabajo de Chris dio sus frutos porque, aunque ahora hay cuatro o cinco grandes violinistas, también afirmó: «No hay nadie mejor que Christian Howes». Si en el jazz hubiera algo parecido a un *mic drop*, sería esto.

¡ENAMÓRATE DEL ARTE DEL TRABAJO DURO Y DE SU DOLOR!

Hay un proverbio japonés que dice: «La visión sin acción es un sueño. La acción sin visión es una pesadilla». Necesitas tanto visión como acción para lograr grandes cosas. La visión te guía, la acción te impulsa. Sin embargo, la mayoría de las personas se conforman con el sueño, porque es más fácil y gratis. No requiere de acción ni de trabajo duro, que es algo que a veces puede tener un alto costo, y no todos están dispuestos a pagarlo. Pero hay otro aspecto que distingue a los grandes. Muhammad Ali dijo alguna vez: «Odiaba cada minuto del entrenamiento, pero me decía: "No renuncies, sufre ahora y vive el resto de tus días como campeón"». ¿Entrenar? ¿Sufrir? Eso es trabajo duro.

Antes hice una broma sobre el hecho de que, si tu visión no hace que te levantes de la cama, deberías seguir durmiendo hasta que encuentres una que sí lo haga. Lo decía en serio, es fundamental. Al mismo tiempo, nadie ha pronunciado palabras más verdaderas que Jonathan Swift cuando declaró: «Nunca conocí a un hombre que llegara a la grandeza durmiendo hasta tarde». Tu visión es lo que te hace levantarte de la cama, pero al final del día eres tú quien debe levantarse. Y tienes que hacerlo una y otra vez con cada gramo de energía que tengas, incluso en esos días en los que odias ese sufrimiento; en especial en esos días.

¿Crees que en la preparatoria me gustaban los días de pretemporada de futbol americano, cuando teníamos tres entrenamientos al día, mientras mis amigos estaban en la alberca coqueteando con chicas? ¡Claro que no! Era lo peor del mundo, pero soy All-American en dos deportes, fui deportista profesional y, como resultado, juego representando a mi país con el equipo de balonmano de Estados Unidos. Los que estaban divirtiéndose en la alberca mientras yo me esforzaba... ¿dónde están ahora y qué tienen que aportar? No tengo ni idea, y tampoco lo sabe nadie más. Y ese es el punto.

Si hay alguien que tiene derecho a odiar el trabajo duro más que nadie es Kyle Maynard. Al haber nacido con graves limitaciones físicas, superar cada día de adversidad debería ser una victoria. No obstante, él no lo ve así. Su visión de la grandeza no solo demandaba que se enfrentara a quienes se interpusieran en su camino, sino que les probara que estaban equivocados y consiguiera el éxito a pesar de ellos. Las autoridades que no querían dejarlo pelear en artes marciales mixtas y los padres que se opusieron a que luchara en la preparatoria no eran rivales para alguien que se dedica a actuar cada día de su vida, sin palabras huecas. Se esforzó día tras día, y estaba tan comprometido que consiguió salirse con la suya siempre. El ESPN no supo mágicamente sobre el ascenso de Kyle al monte Kilimanjaro: él no esperó a que las cosas buenas le llegaran, sino que fue y se esforzó, promoviéndolo ante cualquiera que lo escuchara. Llamó la atención hacia su causa con pasión porque creía en ella y quería compartir su mensaje.

Shawn Johnson también me habló del trabajo duro y la pasión, en particular de cómo se relacionaban con el talento. Muchas personas creen que pueden conseguir sus metas y realizar su visión solo con talento, pero ella está en el equipo que defiende el esfuerzo. ¿Por qué? «Puedes ser la persona más talentosa del mundo, pero si no amas lo que haces no va a funcionar. Sin embargo, puede que no seas una persona muy talentosa, pero si te esfuerzas y amas lo que haces, obtendrás mejores resultados». Tiene toda la razón.

Si Shawn está en el equipo del esfuerzo, su capitán debe ser Ángel Martínez. Él es esfuerzo puro. Era un gran corredor no por talento natural, sino porque estaba dispuesto a trabajar más que nadie. Tenía determinación. Empezó cuando estaba en la primaria en el Bronx y recolectaba botellas de cristal que vendía a dos centavos cada una para poder comprarse un par de tenis Cons de siete dólares. Siguió funcionando para él en el equipo de campo traviesa durante la preparatoria y lo siguió haciendo años más tarde, cuando iba de junta a junta para convertir a Reebok en una marca global.

Como he aprendido gracias a todos estos grandes mentores, la diferencia entre las personas que alcanzan la grandeza y aquellas que no logran más que mediocridad está muy relacionada con cuánto esfuerzo pusieron de su parte. Mi hermano me mostró que el poder del trabajo duro puede cambiar hasta las circunstancias más difíciles. Chris desperdició su talento natural durante varios años, se dejó distraer por las drogas y trató de impresionar a muchos perdedores en su escuela. Fue a la cárcel y casi perdió todo. Pero su pasión por la música y las ganas de ser un mejor hombre para conseguir algo en la vida le dieron una nueva dirección y la energía necesaria para pasar de una celda en la cárcel a un salón de práctica todos los días durante 20 años.

Sé que es más fácil decirlo que hacerlo. Hasta ahora solo te he dado la versión Nike del esfuerzo: *Just do it* («Solo hazlo»). Pero el trabajo duro es una disciplina complicada de entender para muchas personas (casi todas las cosas que requieren esfuerzo lo son). No es algo que puedas aprender, sino algo que debes poner en práctica.

La pregunta es: ¿qué impide que las personas —en este caso, tú— lo desarrollen? Por lo general, no es falta de energía. Todos tienen la capacidad de trabajar duro, pero casi siempre dejamos algo en el tanque, como si avanzáramos a velocidad media. No tenemos una sensación de urgencia sin pena. No nos levantamos y nos sacudimos el polvo. No seguimos el ejemplo de David para trabajar más y de manera más inteligente contra los Goliats que son nuestros competidores y *haters*. Simplemente sonreímos y soportamos el trabajo, ¿por qué? Todo se resume en una palabra: *miedo*.

MIEDO A VERNOS MAL: no queremos que la gente nos vea sudar o pasarla mal, y tenemos miedo de lo que los demás puedan pensar de nosotros.

MIEDO A FRACASAR: tenemos que recordarnos que fallamos 100% de las veces que no lo intentamos.

MIEDO A TENER ÉXITO: a veces nuestro miedo de tener éxito puede ser más grande que nuestro miedo a fracasar, porque algunos no queremos ser el centro de atención o ser líderes.

¿Cómo dejamos atrás estos miedos para poder entrar en acción? Parte del proceso consiste en entender, como lo hizo el escritor inglés del siglo XVIII Samuel Johnson, que «la verdadera grandeza reside en ser grande en las cosas pequeñas». Hay que ir paso a paso, eso es lo que quiere decir. Convertir pequeñas cosas en grandes ventajas mediante el trabajo duro y utilizando el músculo del esfuerzo. Es una habilidad que todos los maestros de la Escuela de la Grandeza han perfeccionado en algún momento de su camino. Ellos entienden que no se pasa directamente de ser *quarterback* titular en la preparatoria a los 16 años a ser titular en el Super Bowl, porque, incluso si estuviera permitido, tú no estarías listo. Es necesario ir progresando para sumar experiencia, sabiduría y años en la universidad antes de que te permitan entrar a la NFL. Y, aun así, solo un pequeño porcentaje de los mejores jugadores universitarios llegan a la NFL; además solo un equipo puede ganar el Super Bowl cada año. Necesitas años y años de hacer las cosas bien para siquiera tener la oportunidad de alcanzar la grandeza en algún ámbito a ese nivel.

Dicho esto, nunca es demasiado tarde para empezar. En 2011 la Asociación de Periodistas de Jazz nominó a mi hermano, el exconvicto número 260873, al premio al violinista del año. En 2012 fue seleccionado para el Programa de Residencias de la Chamber Music America por su trabajo educativo en escuelas en el ámbito de la música. En 2014 la embajada estadounidense en Kiev lo invitó a hacer un tour por Ucrania y a trabajar como embajador cultural. No fue solo el talento lo que lo llevó hasta ahí, sino su inexorable voluntad de recuperar el tiempo que desperdició en su juventud. Esa es la lección que marcó la diferencia en mi vida. Si pudiera darle un consejo a un empresario principiante, sería una sola palabra: *esfuérzate*.

EJERCICIO #1:

ESCENARIOS «Y SI...»

Cuando mis alumnos se dan cuenta de que su mente está sucumbiendo a esos miedos que los frenan, les doy un ejercicio que tranquiliza sus pensamientos y los hace regresar a un lugar cimentado en sus principios y en su visión que los llevará a la acción.

Toma papel y una pluma, o un diario, y busca un lugar cómodo y silencioso en el que nada te vaya a interrumpir.

Piensa en tu visión y tus metas. Imagina el trabajo duro que es necesario para volverlo realidad. Ahora escribe todas las cosas que te dan miedo y tírate un clavado en el esfuerzo. Permítete sentir el miedo mientras lo escribes.

¿Y si me veo tonto?
¿Y si me equivoco?
¿Y si pierdo mi inversión?
¿Y si mi empresa quiebra?
¿Y si arruino mi relación?
¿Y si me despiden?

En cada pregunta, escribe todas las cosas que podrían salir mal, también la peor situación posible. *¿Y si me despiden…*

… y mi esposa me deja?
… y perdemos la casa?
… y tenemos que vivir en el coche?

... y mis amigos me dejan de hablar?
... y no puedo encontrar otro trabajo?

Deja que fluya en el papel. Experimenta el miedo que te produciría cada posible resultado. Ahora redirige esas mismas posibilidades hacia un resultado positivo. *¿Y si me despiden...*

... y encuentro un mejor trabajo en un par de meses?
... y puedo usar el finiquito para tomar una vacación familiar?
... y puedo pasar un mes reconectando con mis hijos?

Convierte cada escenario «y si» en un resultado positivo de «qué podría hacer». Tu visión no se volverá realidad si no tomas riesgos ni entras en acción. Errores siempre habrá: son parte del juego, ¡son parte de la vida! El miedo es un componente necesario que te ayuda a calcular el riesgo de las cosas, pero no dejes que tome decisiones por ti. Debes sentir el miedo, procesarlo y hacer lo que tengas que hacer para conseguir lo que te propongas.

Muchas veces no nos esforzamos porque tenemos miedo de los posibles resultados. Pero si usamos el miedo, lo procesamos y cambiamos nuestra mentalidad para imaginar resultados positivos, podemos convertir el miedo en fe. No es que las personas que se esfuerzan no tengan miedo, sino que han logrado controlarlo en vez de dejar que el miedo los controle a ellos.

EJERCICIO #2:

EJERCITANDO EL MÚSCULO DEL TRABAJO DURO

Hay una máxima popular entre los empresarios que dice algo así: «Ser un emprendedor es vivir algunos años como nadie más estaría dispuesto a hacerlo, para poder pasar el resto de tu vida como la mayoría no puede permitirse». De lo que hablan es del trabajo duro. El trabajo duro consiste en mantener una actividad constante durante cierto tiempo para crear un empuje y una ventaja que a largo plazo volverá las cosas más fáciles. No es de sorprender que también sea parte de la receta para alcanzar la grandeza. Se consigue con una actividad constante a lo largo de un extenso periodo que empieza mucho antes del comienzo de la temporada o de que surjan las oportunidades.

Todo en lo que he sido exitoso ha involucrado, lo supiera en ese momento o no, una gran cantidad de actividad gracias a tener clara mi visión y a hacer todo lo necesario para realizarla. Pero el trabajo duro no solo implica ser constante en tus actividades; también es necesario que tus acciones sean inteligentes.

Hay cuatro áreas en las que todos pueden y deben trabajar duro y con inteligencia:

1. El cuerpo.
2. La mentalidad.
3. Las relaciones.
4. Las habilidades.

El trabajo duro es un músculo y, como todos los músculos, requiere de tiempo para desarrollarse hasta convertirse en una máquina bien aceitada que cree empuje. Para aumentar tu capacidad de trabajar duro, debes aceptar este proceso y enamorarte de él. El viaje diario de tu propio desarrollo es, de hecho, trabajo duro en sí mismo, pero con él lograrás grandes resultados. A continuación te explicaré cómo lo hago yo, y también encontrarás una manera de ejercitar tu músculo del trabajo duro.

1. *TU CUERPO*

Todos los días realiza una actividad que haga que tu cuerpo sea más saludable y fuerte. Algo que sea doloroso (del buen tipo de dolor) y que te obligue a esforzarte físicamente en el gimnasio, en la bicicleta o en tu carrera matutina. Algo que te haga sentir incómodo, algo que preferirías no hacer. Es el hábito de hacer algo doloroso e incómodo lo que aumentará tu resistencia al dolor y te fortalecerá en todas las áreas de tu vida (en el capítulo 5 veremos más pasos para que llegues a dominar tu cuerpo).

2. *TU MENTALIDAD*

Todos los días haz algo que mejore tu mentalidad y tu forma de pensar. Las grandes mentes se cuestionan todo, y ven el mundo como un lugar en el que todo es posible (aunque suene muy loco). Algunos ejemplos son:

- Leer un libro que active tu mente.
- Escuchar un pódcast inspiracional.
- Asistir a un taller.
- Aprender de un *coach* o mentor.
- Preguntarte cosas sobre todo (permitirte ser curioso).
- Entender que todos tienen algo que enseñarte.
- Estudiar acerca de la meditación y los diferentes ideales filosóficos.

3. *TUS RELACIONES*

Un líder es alguien que entiende que las relaciones son clave para ser exitoso en los negocios y en la vida. Tu habilidad para entender a las personas, tu compasión y tu capacidad para fluir con las emociones de los demás en situaciones de estrés influyen directamente en cuánto puedes profundizar tus relaciones. Sin embargo, para alcanzar la grandeza en tu carrera, negocio o marca, también es importante conocer a las personas que dictan el rumbo de tu industria y ellas que te conozcan a ti. Si sigues alguno de los siguientes pasos, te estarás preparando para ganar en el ámbito de las relaciones:

- Conecta con tres personas nuevas de tu industria cada semana, en persona, por teléfono o en línea.
- Conecta con tres líderes cada semana (de cualquier industria).
- Ten una comida de negocios con tres personas a la semana (puede ser desayuno, almuerzo o comida), como recomienda Keith Ferrazzi en su libro *Nunca comas solo.*
- Ve a un evento grupal una vez al mes; puede ser un evento de *networking*, una junta durante el desayuno, un grupo de *mastermind* (los grupos de *mastermind* han sido un ingrediente fundamental para que gane más de un millón de dólares en mi negocio, y en el capítulo 7 te diré cómo unirte a uno o empezar el tuyo).
- Envía mensajes de video en línea o por teléfono a tus contactos. No lo hagas solo en los cumpleaños: úsalo como forma de darles seguimiento para apoyarlos en lo que estén haciendo y pregúntales cuáles son los grandes retos a los que se enfrentan actualmente. Por ejemplo, a mí me gusta mandar *e-mails* a mis amigos para decirles lo mucho que aprecio todo lo que hacen y les hablo sobre una cosa específica que sé que están haciendo en ese momento. No les pidas nada a cambio ni lo hagas con otro propósito más que mostrarles que te interesas por ellos. Eso llamará la atención de tus contactos y hará que su relación sea más cercana.

- Haz preguntas y asegúrate de conversar acerca de los demás, no sobre lo que quieres tú. Si te enfocas en apoyar a aquellos en los que confías y crees, ellos casi siempre querrán regresarte el favor.
- Ve a conferencias, exposiciones y reuniones de tu industria.

Para muchos esto será algo natural, pero requerirá que otros más introvertidos salgan de su zona de confort y fortalezcan su mentalidad (como en el capítulo 3). Si vas a ir a eventos en persona y te sientes incómodo, pídele a un amigo que te acompañe para disminuir tu ansiedad, o empieza asistiendo a reuniones de grupos pequeños hasta que te sientas cómodo ahí (veremos más sobre cómo construir relaciones en el capítulo 7).

4. *TUS HABILIDADES*

Cuando estés en transición o te sientas estancado, no es momento de acomodarte, sino de trabajar duro y aprender nuevas habilidades. Mientras más habilidades tengas, más podrás ofrecer en cualquier situación. Es como si hubieras sumado un nuevo utensilio a tu cinturón portaherramientas con el que puedas manejar cualquier situación difícil que se presente en tu vida o trabajo. Yo estoy constantemente aprendiendo a dominar nuevas habilidades y enfrentándome a nuevos retos todos los años. Estas son algunas de las habilidades que he aprendido en la última década, basándome en mis sueños y pasiones:

- Tocar la guitarra.
- Bailar salsa.
- Unirme a Toastmasters para mejorar mis habilidades para hablar en público.

- Un nuevo deporte (equipo de balonmano).
- Escribir libros.
- Desarrollar sitios web y conseguir seguidores a través de las redes sociales.
- Ser *coach* y anfitrión de talleres.
- Crear un pódcast y editar audio.
- Meditar.
- Yoga acrobático.
- CrossFit, yoga y otras formas de entrenar mi fuerza y mis capacidades físicas.
- Ganar dinero.
- Invertir dinero e iniciar y poner en funcionamiento un negocio propio.
- Manejar mis emociones y liberarme de mi ego reactivo.
- Técnicas de respiración.
- Contratar al equipo perfecto para mi negocio.

Todas estas son cosas que no aprendí en mi infancia o adolescencia, ni siquiera en la universidad. Aprender y dominar estas habilidades me tomó tiempo, pero ahora, como puedo tomarlas de mi cinturón portaherramientas y utilizarlas en cualquier faceta de mi vida, soy capaz de llegar de manera más fácil y rápida a donde quiero ir.

Escribe una lista de diez habilidades que quieras aprender. Empieza con la que más te emocione y crea una estrategia para aprenderla en los próximos seis meses. Puede ser un idioma nuevo, diseño gráfico, un instrumento musical o un hobby. También piensa en habilidades que te ayuden con tus relaciones, tu mentalidad y tu cuerpo, pues serán clave para proporcionarte apoyo en tu camino a la grandeza.

CONSEJO DE ENTRENAMIENTO

En una entrevista con el gran Tavis Smiley, Will Smith declaró: «El que esté dispuesto a trabajar más duro será quien atrape el balón suelto».

La mayoría de las personas se sienten estancadas en la vida porque se obsesionan con todo lo que podría salir mal. Yo tuve una experiencia opuesta mientras crecía. Todo estaba saliendo mal. Se burlaban de mí, me elegían al último en los juegos y no me sentía aceptado. Preocuparme no era una opción. Si no quería sentirme así por el resto de mi vida, tenía que entrar en acción para seguir mejorando y superar mis miedos.

Cuando experimentes miedo, dirígete a él. Cuando te asalte una duda, da un paso para convertirla en confianza en ti mismo. Cuando tengas miedo de estar equivocado o de verte mal frente a otros, sé humilde y vulnerable para crear conexiones humanas reales. Trabajar duro implica entrar en acción. Requiere que superes lo que los demás piensen de ti. Puede ser un hermoso viaje si te das permiso para esforzarte como loco, porque, después de todo, ¿para qué estás en el mundo si no es para ser tu mejor versión?

ATERRIZANDO

Tu cuerpo lo es todo. Puede que pienses que estar un poco pasado de peso no es un gran problema, pero en el camino a la grandeza afecta tu energía y puede ser lo que te detenga en todas las áreas. Cada cuerpo es diferente, pero todos respondemos positivamente a ciertas filosofías e instrucciones. En este capítulo conocerás las lecciones de increíbles maestros que han estudiado el cuerpo (y la mente) mucho más que yo en todos mis años como atleta de élite. He estado en gran forma física, y también en una forma terrible, así que puedo decirte que mi vida es mucho mejor cuando tomo el camino del control de mi físico. Tu cuerpo es tu hogar, ¡es momento de que aprendas a mantenerlo limpio y ordenado para realizar tu visión!

5
DOMINA TU CUERPO

Si el cuerpo es débil, la mente no puede ser fuerte.

THOMAS JEFFERSON

En los años ochenta, Rich Roll era nadador de la División I de la NCAA en uno de los asombrosos equipos de la Universidad de Stanford de los que salieron varios atletas olímpicos. Después de graduarse, decidió ir a la Universidad de Cornell a estudiar derecho y se convirtió en un exitoso abogado en el ámbito del entretenimiento. Tenía una hermosa esposa, un matrimonio feliz y una lujosa casa cerca del mar en Malibu Canyon, California, y, sin embargo, al igual que muchas personas exitosas que parecen tener todo, no era feliz. Sentía que había un hueco enorme en su vida por el que se escapaban sin cesar su espíritu, su energía y su pasión.

Muchos describiríamos ese estado como desesperanza, y la podemos sentir sin importar si somos exitosos o no. Es depresión. Cansancio. Agotamiento. ¡Es estar harto de estar harto!

Rich tenía 40 años y sentía que se había detenido cuando debió haber seguido avanzando. Sabía que no estaba desarrollando todo su potencial. Es una fase que podemos atravesar en cualquier momento. Una crisis de mediana edad, o de corta edad. Sin importar qué la haya causado ni cuándo haya sucedido, es lo opuesto a la grandeza.

«Era infeliz», admitió. «Me sentía engañado, decepcionado. Había hecho todo bien y debía estar celebrando, pero era infeliz».

Trabajaba cerca de 80 horas a la semana y su dieta se basaba en comida rápida. Era lo único para lo que tenía tiempo y, a la vez, trabajaba tanto que el autocontrol que implicaba ponerse a dieta le parecía un chiste. Nunca tenía tiempo para ejercitarse y por eso subió más de 20 kilos. Pasó la barrera de los 90 kilos por primera vez en su vida y no se detuvo. Negaba la evidencia y trataba de justificar su deteriorado estado físico y mental.

Un día estaba subiendo un tramo de escaleras en el trabajo y a medio camino tuvo que detenerse. Le faltaba el aliento, sentía una opresión en el pecho y no podía terminar de subir. Al ser exatleta, esto le pegó a Rich con fuerza... en su estómago cada vez más grande.

Nos ha ocurrido a todos que, en ocasiones, cuando hemos renunciado a un sueño o nos topamos con una adversidad que no podemos soportar, preferimos fingir. Fingimos no tener ningún problema y lo ignoramos por tanto tiempo que es necesario un evento como este para que despertemos del autoengaño. Y, cuando eso pasa, nos quedamos paralizados por el dolor y la confusión: «¿Cómo llegué a esta situación? ¿Qué ocurrió para que ahora no pueda subir un tramo de escaleras, jugar con mis hijos o sentarme con comodidad en el asiento de un avión?».

En diferentes momentos de mi vida he oscilado entre ejercitarme como loco y querer mandar todo al diablo y quedarme en cama.

Ser saludable puede dar mucho trabajo y es muy tentador procrastinar y dejarlo para otro día, pero, si quieres hacer cosas importantes, esta no es la actitud correcta. Tomar el camino que lleva a la grandeza requiere que seas responsable contigo y con los demás.

En ese momento, hay que elegir. Por desgracia, muchos deciden no hacer nada y seguir fingiendo.

Pero Rich no.

TACLEANDO LO IMPOSIBLE

«Tengo 39 años», se dijo en ese momento, «y tuve que detenerme subiendo un simple tramo de escaleras. Algo no está bien, tengo que hacer cambios».

Decidió en ese instante que sería un nuevo comienzo para su vida. Fue esa elección la que puso a Rich *de regreso* en el camino a la grandeza.

Lo que *no* hizo fue decidir que el cambio fuera pequeño. Los cambios pequeños, o los compromisos progresivos, se olvidan o se abandonan rápidamente. «Dejaré de tomar refresco». «Comeré más ensaladas». «Empezaré el lunes». En vez de eso, él empezó de inmediato una limpieza total para eliminar de su cuerpo las toxinas y la basura con que se había atiborrado. Había tratado a su cuerpo como excusado en vez de como templo, y ahora tenía que jalar la cadena... y después arreglar las cañerías. Lo hizo eliminando toda la comida chatarra y la carne, y empezando una dieta basada por completo en vegetales.

«Los primeros días me doblaba, sudaba, sentía como si estuviera en rehabilitación», me contó. «Era como tratar de dejar la heroína o algo así, fue terrible. En los últimos días, y no sé si habrás experimentado algo así, me sentía increíble. Mejor de lo que me había sentido en 20 años o quizá mejor que nunca. Eso me enseñó lo resiliente que es el cuerpo humano. En cuestión de una semana, después de haber tratado a mi cuerpo tan mal con mi dieta por tantos años, me sentía mejor que nunca».

Al famoso multimillonario y aventurero inglés Richard Branson le han preguntado cuál es su consejo más importante para los negocios. Su respuesta es una sola palabra: *ejercicio*. ¿Por qué? Porque si no te cuidas, no puedes cuidar tu negocio. Basta revisar la lista de los hombres más ricos del mundo de *Forbes* para verificar esta idea, salvo por un par de excepciones. En ningún lado es tan evidente esta conexión entre la salud mental y la prosperidad de un negocio como en la nueva generación de empresarios, representados a la perfección por el autor, inversionista y conejillo de Indias humano Tim Ferriss.

Tim es conocido por ser el autor del *bestseller La semana laboral de 4 horas*, pero es un apasionado del rendimiento humano tanto como Steven Kotler. De hecho, su segundo libro fue *El cuerpo perfecto en 4 horas* y en él le presentó al mundo asombrosas ideas y prácticas. No debería sorprenderte que la actividad física sea tan importante para él en muchos aspectos. «Para mí, los deportes son un gran cierre del día», me dijo Tim. «Hacer ejercicio a las seis de la tarde, y proteger ese horario como si fuera una reunión de negocios, no solo prepara a tu cuerpo físicamente para la cena y el resto de la noche, sino que te obliga a establecer prioridades en tu día para terminar tu trabajo antes de ir al gimnasio». El energético efecto de esas dos cosas, terminar de trabajar y hacer que circule tu sangre, es un gran recurso en el camino a la grandeza.

Creo que Rich sintió que esos consejos eran ciertos, porque de nuevo estaba empezando a arrancar su motor. Amaba tanto cómo se sentía que decidió mantenerse limpio; para él, eso significaba ser vegano. En los últimos cinco o seis años, un número significativo de empresarios exitosos y líderes también han empezado a seguir esa dieta para ser más saludables y productivos: Steve Wynn, Bill Clinton, Mort Zuckerman, Al Sharpton, Russell Simmons, Biz Stone y John Mackey, CEO del supermercado Whole Foods. Hasta Mike Tyson se hizo vegano, ¡y él era una máquina de matar arrancaorejas!

Una vez que eliminó toda esa basura de su dieta, Rich se comprometió a volver a hacer ejercicio. No un poco, mucho. Su esposa le compró una bicicleta, empezó a nadar de nuevo y contrató a un entrenador, porque estaba tan determinado a ser saludable que quería rodearse de expertos y energía positiva. Empezó de manera gradual, pero pronto hacía 25 horas de ejercicio a la semana. Se convirtió casi en un segundo trabajo, y él incluso redujo significativamente la práctica del derecho para dedicarse a su nuevo estilo de vida. En poco tiempo se convirtió en una máquina de hacer ejercicio a punto de llegar a su mejor estado físico.

Entonces se le ocurrió una idea: correr un ultramaratón, que es en esencia cualquier carrera en la que los participantes corran más de los 42 kilómetros y 195 metros que definen al maratón.

«Dos años antes no podía ni subir las escaleras, y ahora ahí estaba. Nunca había hecho un Ironman, no era un triatleta experto, sino un novato sin ninguna experiencia. Estaba seguro de que podría completarlo, pero también mantenía cierto grado de humildad responsable respecto a lo que estaba por hacer. No estaba ahí para ganar. Estaba ahí para celebrar que estaba limpio, que había bajado de peso y cambiado mi vida. Ese era mi objetivo».

A pesar de esa humildad, o quizá gracias a ella, Rich no solo terminó la carrera, sino que llegó en el undécimo lugar en su primer ultramaratón. No tienes que ser aficionado a los deportes extremos o un atleta de alto rendimiento para reconocer que lo que logró fue increíble. Es como decidir que, como propósito de año nuevo, aprenderás a escalar, y después ir a Yosemite el primer día de primavera para subir la pared vertical de El Capitán a toda velocidad como si fueras un mono araña.

Esta transformación me pareció profunda e inspiradora. Rich había recuperado el control de su cuerpo y de su vida. Lo que más me gusta de esto es que Rich encontró su vocación y de paso descubrió una nueva visión. Construyó un negocio superexitoso de *lifestyle* basándose en su pasión. Ahora es un autor *bestseller* y educa e inspira a millones de personas de todo el mundo con libros, populares pódcast, productos veganos, discursos y mucho más. Convirtió la adversidad en una ventaja y le sacó provecho. ¡Mucho!

«Pasé mi vida entera persiguiendo la zanahoria. Fui a la mejor escuela. Me aceptaron en la Ivy League y estudié muy duro». Pero ¿a dónde lo llevó eso? A estar saturado de trabajo, infeliz y, lo que es peor, fuera de forma. «Estaba en un punto de mi vida en el que se suponía que debía estar celebrando todo lo que había logrado», me confesó. Pero no podía. ¿Quién podría hacerlo estando en su situación? La grandeza no consiste en trabajar mucho o en ganar mucho dinero. Se trata de tener un propósito y ser la mejor versión que puedas de ti mismo. ¿¡Y cómo vas a brincar de alegría si no puedes ni subir un simple tramo de escaleras!?

TU MENTE CON BASURA

Todos los maestros de este libro dominaron su cuerpo de una forma u otra. Yo también pasé un tiempo aprendiendo del doctor Daniel Amen, un destacado psiquiatra estadounidense, especialista en trastornos mentales, director de las clínicas Amen y autor de la lista de *bestsellers* del *New York Times*. Él me ayudó a entender por qué es tan importante que domines tu cuerpo. No se trata solo de tus músculos. Tu cerebro también importa. Tu mente y tu cuerpo están conectados, ambos son parte de ti. ¿Los estás cuidando? Ya sabes lo que dicen: mete basura y sacarás basura.

«Tu cerebro está literalmente involucrado en todo lo que haces. Cómo piensas, cómo te sientes, cómo actúas, cómo te relacionas con otras personas; y, cuando funciona bien, tú funcionas bien. Sin embargo, cuando está alterado, por cualquier motivo (sustancias tóxicas, trauma, uso de drogas, falta de oxígeno, etc.), es cuando empiezas a sentirte triste, enfermo, y a ser más pobre y menos exitoso», me explicó Daniel.

El problema que tenemos muchos de nosotros es que ignoramos por completo el rol que juega nuestro cerebro en la salud de nuestro cuerpo. «Si no tomas en consideración el cerebro», me advirtió, «es posible que nunca sepas qué te ocurre». Y, cuando eso pasa, puedes entrar en un círculo vicioso de mala salud física que te lleva a una mala salud mental, que a su vez provoca un empeoramiento de la salud física y así sucesivamente.

Cuando estaba desanimado con mi vida y trabajo, también pasé por un periodo de apatía y sentí que estaba cayendo poco a poco en un lugar poco saludable. Lo peor fue que pasó de forma muy gradual. Subí de peso medio kilo al mes por casi dos años. Para hacerlo aún más confuso, fue en ese momento cuando empecé a tener éxito financiero y en mi negocio. Por ese motivo me resultó más difícil ver más allá de la dieta rica en carbohidratos que estaba siguiendo y cuestionar mis hábitos. Después de dos años de trabajo duro y ganando apenas un poco de dinero mes a mes, recuerdo que me pagaron 6200 dólares en mi primer webinar y me sentí el hombre más rico del mundo. Y también empecé a comer como un hombre rico. Después, el dinero no tardó en llegar y, con él, mi panza. Comía más de siete mil calorías al día (para ser justos, también me estaba ejercitando, pero no tenía el equilibrio correcto). Lo peor de todo era que consumía azúcar después de cada comida, algo que está prohibido incluso si solo quieres tener un nivel de salud básico. No estaba cuidando de mi cuerpo ni de mi mente. Cuando pienso en ese momento, sé que no estaba siendo mi mejor versión. Ni mis pensamientos ni mis sentimientos eran tan claros como debían.

Según me explicó el doctor Amen, resulta que cuando tu peso sube, el tamaño y el funcionamiento de tu cerebro bajan. Fue hasta que me mudé a Nueva York para perseguir mi sueño de representar a mi país en los Juegos Olímpicos jugando balonmano cuando salí de ese bache, y solo ocurrió porque el elástico de mi ropa interior me estaba mandando una señal inequívoca. Sabía que estaba subiendo mucho de peso. Mi cara estaba más redonda y mis amigos y familia se burlaban de mí llamándome Glewis («Gordo Lewis»), pero cuando no pude usar mi ropa interior sin que mi panza cubriera el elástico, supe que ya era suficiente. Me subí a una báscula por primera vez en mucho tiempo, y vi «115» en enormes números rojos. Decidí que era el momento de eliminar de mi dieta todo lo perjudicial por un mes (como lo hizo Rich).

No comí azúcar, gluten ni lácteos por 30 días. No estoy diciendo que este sea el camino para todos, y tampoco me lo recomendó un experto en salud o un doctor; simplemente era algo que quería hacer para crear un nuevo hábito, porque conozco el poder de crear hábitos positivos cuando algo no está funcionando como esperabas (veremos más acerca de esto en el capítulo 6). Bajé 13 kilos en lo primeros 28 días y me sentí mejor que nunca, así que decidí seguir 30 días más y bajé otro kilo. No cambié nada más, seguía trabajando de la misma manera… perdí peso eliminando todo lo que comía que no me hacía bien. Me despedí de Glewis tomando jugos verdes todos los días (y amándolos), comiendo alimentos orgánicos y cosechados directamente de la tierra, además de carne alimentada exclusivamente con pasto. Eligiendo los alimentos correctos y haciendo ejercicio, logré olvidarme de recuperar el peso perdido.

De vez en cuando como azúcar o dulces, pero mi dieta está balanceada y mi peso (y mi salud) está donde quiero que esté. Mi vida es mejor cada día por ese motivo. El trabajo que he invertido en dominar mi cuerpo hace mucho más fáciles las demás decisiones que tengo que tomar y el trabajo que tengo que hacer.

Por supuesto, la gente —y mi hermano Chris es un buen ejemplo de esto— le mete a su cuerpo cosas peores que azúcar: drogas, alcohol en exceso y químicos asquerosos. Nos privamos de sueño o nos dejamos llevar por adicciones «naturales» como el sexo o apostar. Todo eso tiene un efecto real y tangible en tu desempeño. Olvídate del estado de fluidez que Steve Kotler describe en sus libros: se vuelve imposible con estas influencias negativas, porque pueden destruir tu cuerpo fácil y rápidamente y bailar claqué sobre tu cerebro. ¡Así que deja de maltratarte!

DUERME DURANTE EL CAMINO A LA CIMA

Como le sucedió a Rich, hace cinco años Ameer Rosic, campeón canadiense de kettlebell y experto en optimización del sueño, estaba en un mal lugar. Sufría depresión profunda, incursionaba en el abuso de alcohol y otras drogas, y su actitud ante la vida era terrible. «Mi vida no tenía sentido», me confesó. «Sentía como si hubiera un agujero oscuro, un abismo, en mi corazón. Entonces la vida me pegó en la cabeza con un martillo».

La epifanía llegó el día en que despertó y se dio cuenta de que muchos de sus problemas se debían a la falta de sueño. Pasaba casi todas las noches de fiesta hasta la madrugada y dormía muy poco, pensando que era un superhombre que podía con todo. Su salud física y emocional empezó a decaer y con ellas su vida entera. Sabía que tenía que hacer algo, así que empezó a estudiar los ritmos circadianos y la importancia de dormir lo suficiente. «Todos deben entender que somos como baterías. Dormir te recarga, aumenta y equilibra tus hormonas, fortalece tu sistema inmune y te da claridad, enfoque y mucho más», me explicó. Mientras más investigaba, más se daba cuenta de que dormir era una pieza clave para tener salud, más importante que la dieta, el ejercicio y cualquier otra cosa.

Y para Ameer el cambio no pudo haber sido más radical. «De alguna manera, he encapsulado mucha pasión en mi alma, en mi ser, y ha sido gracias a la forma en la que duermo, como y trato a mi cuerpo. Cuando te cuidas a ti en primer lugar, este cuidado se refleja en lo demás y todo mejora».

Los beneficios de dormir bien no solo fueron físicos. Ameer aumentó su coeficiente intelectual, fue campeón canadiense de biatlón de kettlebell (es el deporte nacional de Rusia, pero sí, yo estaba igual de confundido que tú la primera vez que lo escuché) y fundó un negocio para ayudar a los demás a mejorar su salud. Ameer lo expresó mejor que nadie: «Si quieres tener un negocio y quieres hacer el bien en el mundo, si quieres aportar algo valioso, debes ocuparte de ti primero. Cuando cuides de ti mismo antes de nada y conviertas tu cuerpo en el recipiente perfecto, entonces tendrás la capacidad de impactar a millones de personas en el mundo».

¡Es increíble lo importante que es dormir bien! Así lo confirma también Shawn Stevenson, especialista en el sueño, autor de *Dormir inteligentemente: 21 estrategias para descansar, sentirse bien y alcanzar el éxito* y otro gran mentor a quien tuve la fortuna de conocer: «Dormir es algo que nuestros genes esperan de nosotros».

Lo llama «vitamina S», un nombre que expresa a la perfección el rol acumulativo y reparador que tiene el sueño en nuestras vidas. Cuando hablé con él sobre la información que presenta en su libro, afirmó que era imposible exagerar el daño que la falta de sueño puede provocar en todos los aspectos de nuestra vida.

«Tenemos que encargarnos de mil cosas en nuestro día a día, y dormir suele ser una de las primeras que omitimos», advirtió. «No entendemos que si no tenemos un sueño de alta cualidad, estamos *destruyendo* nuestra capacidad de esforzarnos al máximo en cada aspecto de nuestra vida» (la cursiva es mía).

Esto es especialmente cierto para los empresarios, muchos de los cuales hablan de sus maratonianas sesiones de programación o sus largas noches de trabajo consecutivas como si fueran un logro en su camino al éxito. A ellos, Ameer tiene algo que decirles: «En 2013 salió un estudio que demostraba que las personas que se mantenían despiertas 48 horas o más, algo que muchos hacen en esta época tan llena de estrés en que vivimos, tienen el mismo nivel de azúcar en su sangre que las personas diabéticas». ¡Igual que un diabético! «¿Puedes imaginarte lo que pasa cuando esto se agrava? Un día sí y otro no, año tras año tras año, ¡no será nada beneficioso!».

Creo que podemos decir que esa última oración de Ameer se queda corta. Para mi fue una revelación tan fuerte que exclamé: «¡Mierda!».

Si eres como la mayoría de las personas que tienen problemas para convertir sus sueños en realidad, para hacer realidad su visión de grandeza, seguramente ahora estarás diciendo: «Mira, tengo un trabajo muy demandante. Tengo hijos. No puedo hacer ejercicio 25 horas a la semana como Rich Roll, ni irme a la cama a las 10 de la noche y dormir ocho o nueve horas como Ameer Rosic. No tengo tiempo, tengo otras cosas que hacer». Bueno, Rich también tenía otras cosas que hacer. «Tenemos que ser extremadamente egoístas un par de horas al día para cuidarnos a nosotros y a nuestros cuerpos», me dijo Rich. Retomando la idea de Ameer, continuó: «No puedes ayudar a alguien más si no te cuidas a ti».

Comprendí que es muy parecido a lo que dicen cuando estás en un avión, «Pónganse su máscara antes de ayudar a los demás». No puedes ayudar a alguien más si a tu cerebro le falta oxígeno o, aún peor, si mueres. El mismo principio aplica al cuidarnos a nosotros mismos para poder ayudar a los otros. Debemos cuidar nuestros cuerpos física, mental y emocionalmente. Debemos cubrir todas nuestras necesidades mientras tratamos de conseguir nuestros deseos. Son lo primero a lo que tienes que prestar atención, no lo último, sin importar lo egoísta que te sientas al hacerlo. Si les das prioridad, se reflejará en lo demás.

Rich afirmó: «Me siento una mejor persona cuando me cuido así. Hay una parte de mí que siente que eso es lo que debo hacer, que estoy programado para eso. Soy más feliz, más productivo, soy un mejor esposo y un mejor padre cuando me ejercito y me cuido de esta manera».

QUÉ ES POSIBLE CUANDO DOMINAS TU CUERPO

Chalene Johnson, autora que figura en la lista de *bestsellers* del *New York Times* y reconocida entrenadora personal, ha preparado a cientos de miles de personas y vendido millones de copias de sus videos de entrenamiento. Ella experimentó de primera mano lo que se vuelve posible cuando tomas el control de tu salud. Con frecuencia, sus alumnos le mandan mensajes de agradecimiento para mostrarle lo que consiguieron con sus familias, trabajos y relaciones personales gracias a sus entrenamientos. Algunas personas encuentran difícil cambiar su estilo de vida después de tantos años de malos hábitos; créeme, lo entiendo. Pero, como me dijo Chalene, que ahora es mi amiga: «Todo es posible con un plan. Si ahora estoy interesada en esto [tener un cuerpo saludable], ¿a qué estoy dispuesta a renunciar?». Si quieres hacer un cambio, entonces debes introducir alguna diferencia lo bastante grande como para obtener resultados. Esto quiere decir que debes preguntarte: ¿qué vicios debes eliminar de tu vida para mejorar tu salud, tu cuerpo, y conseguir todo lo que es posible con un estilo de vida más consciente?

En el caso de Rich, cuando convirtió en una prioridad su salud física, la relación con su familia mejoró. Estaba contento, feliz. Del mismo modo en que el trabajo de Ameer acerca del sueño se convirtió en algo más que un producto de la curiosidad, el éxito de Rich con el entrenamiento y el *running* se volvió algo más que un pasatiempo. Creó todo un negocio de *lifestyle* a partir de eso, ¡caramba!, y además alcanzó la *grandeza* en más de una manera.

Sé que suena loco, pero estoy convencido de que la principal razón por la que la gente no llega a ser grandiosa o ni siquiera lo intenta es porque no tienen la energía necesaria para hacerlo. No están cuidando de sí mismos. Todos debemos hacer un mejor trabajo en eso, por nosotros mismos y para ayudar a los demás. Recuerda: sin importar lo grande que sea tu visión, no podrás reunir la voluntad necesaria para superar las adversidades ni redirigir tu energía para trabajar duro e infatigablemente si estás cansado o sentado en el sillón.

Tu problema con la grandeza puede ser un problema de salud.

Y que no te hayas cuidado en el pasado no quiere decir que no puedas o no debas empezar a hacerlo en este momento. Rich tenía 40 años cuando comenzó. No podemos regresar atrás en el tiempo y empezar de nuevo, pero sí podemos decidir cómo terminar, y nunca es demasiado tarde para dar el primer paso en la dirección correcta. En eso consiste dominar tu cuerpo. El pasado es irrelevante, lo que importa es lo que hagas ahora. Quizá tu camino culmine en varios kilómetros de carreras de resistencia (o los incluya). Tal vez solo se trate de estar en mejor forma para poder jugar con tus hijos. O quizá solo tengas que comer bien para despejar tu mente de manera que puedas pensar mejor.

Dominar tu cuerpo es fundamental para alcanzar la grandeza. Es el motor que impulsa el tren que es tu visión: te ayuda a sobreponerte a los obstáculos, libera el camino para que te enfoques y es gasolina para el trabajo duro de llevar tus sueños más allá de lo que alguna vez imaginaste. No maltrates a tu cuerpo. No des por sentado a tu cerebro. Así me lo explicó Ameer: «Somos como bancos y hay un mecanismo en nuestros cerebros que se llama "deuda de sueño", en el cual se acumulan los segundos, minutos y días que no dormimos. Y, al igual que sucede con un préstamo que no pagas, un día el banco tocará tu puerta para decirte: "Oye, Lewis, nos debemos alrededor de dos o tres años de sueño"». Y, como ocurre con los bancos de verdad, eso pasará en el peor momento posible. En la búsqueda de la grandeza, dominar tu cuerpo consiste en no dejar que tu cuerpo firme cheques que tu cerebro no pueda pagar.

La idea de entrar a un gimnasio de CrossFit o entrenar como atleta de élite puede ser tan aterradora para ti como para mí fue ir a Toastmasters por primera vez. Sin embargo, en la Escuela de la Grandeza esa no es una excusa válida para no dominar tu cuerpo. Si quieres jugar como un campeón en la vida, necesitarás la energía, física y emocional, que te va a exigir cualquier enfrentamiento con un obstáculo que se interponga entre tú y tu visión. ¡Aquí tienes tres cosas que puedes hacer desde ya para dominar tu cuerpo!

EJERCICIO #1:

TOMA UNA FOTO DE TU CUERPO... ¡DESNUDO!

Si realmente quieres ver qué aspecto tienes —lo que te gusta y lo que no—, este es un buen ejercicio con el cual empezar. Obsérvate desnudo, literalmente, y toma una foto.

Aceptar (y amar) tu cuerpo es el primer paso. Toma fotos de ti desnudo y evalúa las partes que amas y las que quieres mejorar; después, anótalas. Observa dónde estás poniendo tu energía negativa y enfócate en aceptar esas partes de tu cuerpo. Así tendrás la energía positiva necesaria para hacer los cambios que quieres.

Si no aceptas la responsabilidad por el estado en el que está tu cuerpo en este momento, la infelicidad o energía negativa será lo que alimente tus resultados. Todo lo que se basa en el miedo termina en miedo. Si aceptas y amas tu cuerpo, tendrás la energía positiva que necesitas para mantener un plan de ejercicio y una dieta que a otras personas les causaría problemas. Si amas tu cuerpo —o la persona que está *dentro* del cuerpo, para ser más exacto—, es más fácil que mantengas un compromiso con tu visión, en lugar de actuar basándote en el miedo y el odio. Desde este lugar, podrás bajar de peso porque te importa, no porque quieras cumplir con los estándares de otros.

EJERCICIO #2:

ENCUENTRA UN PLAN DE EJERCICIO QUE AMES

Mi objetivo para este libro es que te abras a todo tipo de posibilidades. Sin importar dónde te encuentres en tu viaje en el ejercicio, cada paso que des puede ser en la dirección correcta. Tu cuerpo no debería limitarte, sino movilizarte para cumplir con tu visión.

En primer lugar, consigue el tiempo necesario para ejercitarte y anota en tu agenda cuándo será. Deberás hacerlo al menos cinco días a la semana durante media hora. Esto creará una rutina y reforzará tu compromiso con la salud física como parte de tu nuevo estilo de vida. No importa a qué hora del día te ejercites; en este punto, lo importante es que lo hagas a la misma hora todos los días para que se convierta en un hábito. Elige un horario que funcione para ti y para tu estilo de vida. Yo prefiero hacerlo en la mañana porque es una buena manera de iniciar el día y me permite adoptar una actitud positiva, ya que así termino alguna tarea antes de siquiera empezar el día. Como dice mi madre: «Terminar tus tareas tiene grandes efectos».

En segundo lugar, empieza a moverte y a activarte. Yo trato de incorporar siempre cosas que amo a mi rutina de ejercicio, porque es la manera más fácil de obtener motivación y mantenerla a lo largo del tiempo. Como soy atleta, participo en muchos juegos de basquetbol entre amigos, corro, hago pesas, nado en el mar y practico diferentes ejercicios como los que se hacen en los entrenamientos militares porque es lo que me ayuda a entusiasmarme mientras me ejercito.

Eso no quiere decir que tengas que pasar dos horas machacando tu cuerpo todos los días. Lo importante es que no te paralice la abrumadora expansión que ha alcanzado la industria del ejercicio. Ya sea correr por tu vecindario, caminar hasta la cafetería donde compras tu té todos los días o estirarte por unos minutos en la mañana, cada movimiento cuenta. Recuerda: esto es un viaje, no un destino.

Por último, encuentra un compañero al que tengas que rendir cuentas. Puede ser un amigo, tu esposo, tu entrenador o hasta tu mascota (sí, ¡comprométete a también mantener en forma a tu perro!). Es más probable que mantengas tu compromiso si hay alguien más asegurándose de que cumplas tu palabra. Muchos odian hacer ejercicio, por eso no siguen haciéndolo. Si sientes que esto te podría pasar a ti, tener un compañero al que rendir cuentas puede ser lo que necesitas para mantenerte en el camino correcto y hacer que el ejercicio sea más divertido.

He descubierto que hacer un ejercicio doloroso al día me ayuda a ampliar mi zona de confort y a llevar mi cuerpo y mi mente a otro nivel. Así que haz algo que te incomode todos los días. Esto no quiere decir que debas lastimarte los músculos porque eso causa dolor, sino que hagas cosas nuevas y/o difíciles que sean coherentes con lo que quieres conseguir con tu cuerpo. Aunque amo ciertas cosas de mis entrenamientos, nunca mantengo la misma rutina por mucho tiempo. El cambio es bueno, y siempre trato de empujarme a un nivel de incomodidad que con el tiempo se convierta en indoloro y gratificante.

Puede parecer que estoy diciéndote que vayas a buscar ejercicios locos y exóticos que trabajen músculos que ni siquiera sabías tenías. En absoluto. Respecto de los ejercicios dolorosos, tu objetivo es hacer cualquier cosa que te haga sudar, que eleve tu ritmo cardiaco. Puedes hacer lagartijas (o levantar pesas o cualquier otro ejercicio) hasta que tus brazos no puedan más, correr colina arriba una y otra vez sin descanso o simplemente trabajar más y más duro que el día anterior. Es simple: ¡supera tus límites!

Personalmente, soy un gran fan de los entrenamientos por intervalos. Esto implica hacer tu propia rutina de cuatro o seis ejercicios, cada uno de los cuales harás por 45 segundos, seguidos de un descanso de 15 segundos; puedes hacer tantas repeticiones como quieras.

EJEMPLO DE ENTRENAMIENTO POR INTERVALOS

45 segundos: lagartijas
15 segundos: descanso
45 segundos: sentadillas
15 segundos: descanso
45 segundos: saltar la cuerda
15 segundos: descanso
45 segundos: zancadas
15 segundos: descanso
45 segundos: abdominales
15 segundos: descanso

Repite esta rutina cuatro veces (o ajusta las repeticiones y el tiempo que dedicas a cada ejercicio para esforzarte tanto como quieras). Con este simple plan, puedes ser tan creativo como desees y agregar cualquier ejercicio, por ejemplo uno que implique levantar pesas o tu peso corporal. Puedes hacerlo en casa, en el gimnasio o donde sea más conveniente para ti. Asegúrate de cambiar la rutina para que no deje de ser entretenida. Dependiendo de cuántas repeticiones hagas, realizar este plan te tomará alrededor de 30 minutos, haciendo estiramientos ligeros antes y después.

La clave aquí es hacer algo que disfrutes (aunque sea doloroso) y encontrar alguien con quien puedas hacerlo divertido. Si deseas más opciones y recursos sobre ejercicios, consulta el sitio web schoolofgreatness.com/resources.

EJERCICIO #3:

ENCUENTRA LO QUE TE FALTA

Aubrey Marcus, un buen amigo, experto en salud y director de la compañía de nutrición Onnit, ¡diseñó este ejercicio en exclusiva para ti! Con su enfoque en la optimización humana, su método para que domines tu cuerpo empieza con descubrir qué falta en tu salud y en tu estilo de vida. Es tan importante que lo ha convertido en un acrónimo que guía tu progreso (MISSING, que significa «falta» en inglés). Descubrir en qué punto te encuentras física y fisiológicamente en cada una de estas siete áreas es crucial para tu salud y tu capacidad para perseguir tu visión en el camino a la grandeza. Usa este ejercicio como guía para descubrir las carencias en tu salud y ajusta cada área según sea necesario.

M-MINERALIZACIÓN

El cuerpo está compuesto de una gran variedad de minerales. Cada sistema de nuestro cuerpo requiere de los minerales adecuados para funcionar correctamente, y los obtenemos de la comida. Pregúntate de dónde sale tu comida. ¿Tus frutas y verduras son orgánicas y de productores locales? ¿Tu res se alimentó de pasto? Si la respuesta es sí, estás en el camino correcto. Investiga el origen de tus alimentos.

Una de las mejores formas de conseguir minerales en tu dieta diaria es usando sal del Himalaya. La sal común y corriente solo tiene tres minerales: sodio, cloruro y yodo. La sal del Himalaya tiene entre 65 y 85 minerales. La palabra *salario* viene de la antigua Roma, cuando los soldados recibían su sueldo en sal. Para funcionar de forma eficiente, era esencial que los soldados recuperaran la sal que perdían en las largas marchas. Tener la cantidad correcta de sal podía marcar la diferencia entre la vida y la muerte.

I-INFLAMACIÓN

Muchos doctores reconocidos afirman ahora que casi todas las enfermedades provienen de algún tipo de inflamación. La razón es que el cuerpo debe combatir la inflamación, de la misma forma que lo haría con cualquier patógeno. Si el cuerpo usa sus recursos para lidiar con la inflamación, tiene menos recursos para funcionar correctamente y dar una respuesta inmunitaria, y así es como las enfermedades se afianzan en nuestro cuerpo. Controlar la inflamación es increíblemente vital.

Prestar atención a los procesos inflamatorios es importante. ¡Pueden producirse hasta por una mala digestión! Al lidiar con la inflamación, es muy valioso el uso de enzimas proteolíticas, que se encargan de viajar por el cuerpo y romper las proteínas muertas que estén estimulando respuestas inflamatorias. Utilizar una buena enzima proteolítica puede representar un gran beneficio para cuidar tu salud. (Encuentra mis recomendaciones personales acerca de las enzimas en schoolofgreatness.com/resources).

S-SENTIR ESTRÉS

Como platicamos en el capítulo 2, el estrés es una parte de la experiencia humana que debemos controlar. No nos damos cuenta del precio que pagamos por permanecer en un estrés constante. El estrés secreta la hormona cortisol, que a su vez afecta tu sistema inmune. El estrés es bueno si en un momento dado tienes que escapar de un animal, cumplir con el plazo de una entrega en el trabajo o hacer algo que requiera de una descarga de energía concentrada. Pero si el estrés es crónico, el cuerpo se verá severamente limitado a la hora de lidiar con eficacia con tantos estresantes. El estrés agotará tus glándulas de adrenalina y, a través de procesos y sustituciones químicas, empezarás a producir menos cantidad de algunas de las hormonas que son esenciales para tener unas condiciones de vida óptimas. Por eso es tan importante que gestiones tus niveles de estrés.

Y ahora tómate un tiempo para escribir lo que haces para controlar el estrés. Una de las formas más sencillas de reducirlo nos lleva de vuelta al ejercicio de meditación que vimos en el capítulo 3. Está demostrado científicamente que respirar profundo usando el diafragma libera el estrés de forma natural, así que enfocarte en tu respiración es importante para disminuirlo.

Aquí tienes algunos ejemplos de lo que yo hago y no hago para controlar mi estrés.

HACER	NO HACER
MEDITAR	FUMAR
ACTIVIDADES FÍSICAS	TOMAR
ESCUCHAR MÚSICA	VER LA TELEVISIÓN POR MUCHO TIEMPO
CAMBIAR MI AMBIENTE	COMER DE MÁS
BAILAR	DORMIR DE MÁS O NO HACER NADA POR DÍAS

S-SUEÑO

Dormir es uno de los tónicos con beneficios para la salud que le puedes dar a tu cuerpo. Es momento de repararse, restaurarse, recuperarse y rejuvenecer. Dormir es la clave. Hay libros muy buenos, como *Dormir inteligentemente*, de Shawn Stevenson, que hablan sobre las diferentes formas en las que puedes mejorar tu sueño. Ante todo, debemos entender que el cuerpo está diseñado para dormir en la noche y estar despierto en el día. Si puedes optimizar tus horarios para dormir entre siete u ocho horas en la noche de manera que estés completamente despierto durante el día, habrás dado un primer y enorme paso.

Una vez que hayas mejorado tu horario, el siguiente paso es optimizar tu sueño. Los elementos fotosensitivos del ojo inician la producción de melatonina, la hormona responsable de decirte que es hora de dormir y de ayudar al cuerpo a lograrlo. Sin embargo, por la noche la luz causa un cortocircuito en la producción de melatonina, así que reduce la cantidad de luces artificiales a la que te expones, como la televisión o tu teléfono. ¡Nada de aparatos electrónicos en la cama! Mantén un registro de tus horarios de sueño. Ve a la cama temprano, despierta temprano y duerme entre siete y ocho horas todas las noches: es así de sencillo.

I-INHALA

Nuestro ejercicio de meditación debería reforzar la importancia de la respiración. Inhalar es un proceso que hacemos sin cesar durante el día y, si dejáramos de hacerlo, moriríamos. Pero no entendemos lo importante que es que nuestro cuerpo reciba oxígeno. Lo damos por sentado. Sin embargo, no todos los respiros son iguales.

Si tomas respiros cortos, no estás oxigenando tu cuerpo correctamente para que se mantenga saludable y controle el estrés. Así que poner atención a tu respiración, usarla como timón para navegar por las diferentes modalidades de la salud, es fundamental. Respirar puede ayudarte a profundizar tu meditación, puede energizarte en tus entrenamientos y ejercicios, y mantiene tu cuerpo alcalinizado, lo que mejorará tu mineralización. Respirar es increíblemente importante y en demasiadas ocasiones lo descuidamos cuando pensamos en el panorama global de la salud.

Cuando tengas un momento libre (puede ser mientras estás atorado en el tráfico), si tienes la oportunidad, enfócate en tu respiración: inhala con todo el diafragma de manera que el aire llegue a tu estómago. Los beneficios para tu salud pueden ser gigantescos. ¿Estás respirando de manera óptima? ¿Puedes practicar más *fitness* cardiovascular? Todo empieza aquí.

N-NUTRICIÓN Y DENSIDAD

La nutrición en Estados Unidos se ha enfocado en las calorías por mucho tiempo. Sin embargo, lo que hemos aprendido en las últimas décadas es que las calorías no son tan importantes para tener buena salud o un buen cuerpo, como sí lo es la densidad nutricional. Puedes ingerir 500 calorías de azúcar o 500 calorías de un rib eye de una res alimentada con pasto, y esa decisión tendrá efectos muy diferentes en tu cuerpo. ¿Cuántos nutrientes le estás proporcionando a tu cuerpo? ¿Cuántas verduras? ¿Cuántas grasas buenas, como aceite de coco, aguacate o aceite de oliva, con sus omega-3 y omega-9? ¿Cuál es la densidad nutricional de tus alimentos? ¿Qué comes que no tenga densidad nutricional? Asegúrate de que tus alimentos estén balanceados y sean ricos en nutrientes. El agua es el nutriente más importante; sin ella, la vida no podría existir. Asegúrate de estar hidratado durante el día. ¿Tomas suficiente agua?

G-GASTROINTESTINAL

El estómago es la caldera de la salud. Aquí es donde tu sistema digestivo trabaja para convertir los minerales y los nutrientes en la energía que mantiene a tu cuerpo saludable. Desde el primer doctor, Hipócrates, hasta los doctores del presente, los médicos siempre han estado conscientes de lo importante que es la salud gastrointestinal, pero se trata de una cuestión que apenas hoy en día está consiguiendo el respeto que merece. La materia no puede ser creada ni destruida; entonces, ¿cómo cambiamos o nos desarrollamos? Crecemos al asimilar nutrientes de nuestros alimentos, y con ellos construimos nuestro cuerpo y regeneramos las células. Una mala digestión puede provocar inflamaciones y lo que llamamos síndrome del intestino que gotea, en el que hay partículas de comida que escapan por la barrera intestinal, ocasionando una respuesta inflamatoria.

La salud gastrointestinal depende directamente de la flora probiótica, también conocida como microbiota intestinal. Estos microorganismos son importantes para la digestión. Además, muchos de los neurotransmisores y de las hormonas responsables de tu ánimo, tu felicidad y todo lo que hace que te sientas bien se ven afectados por el intestino o directamente se originan en él. La mayor parte de la producción de serotonina viene del intestino. Nuestras células inmunitarias se crean en el intestino. Tener una microbiota sana —una que trabaje en simbiosis con el resto de tu cuerpo— es vital para tu sistema inmune, para tu estado de ánimo y para tu salud.

Así que cuando quieras dominar tu cuerpo, presta atención a lo que te falta. Cuando no te falte nada, entonces podrás decir que has logrado tu meta. ¡Tu objetivo debe ser mantenerte ahí tanto tiempo como puedas!

Para tener una guía completa de lo que falta en tu salud, junto con varios recursos sobre suplementos y productos para optimizar tu cuerpo y mi plan personal de ejercicio, consulta el sitio web schoolofgreatness.com/resources.

CONSEJO DE ENTRENAMIENTO

Escucha, no soy perfecto. A veces subo y bajo de peso. No siempre como bien. Como la mayoría de las personas, amo el azúcar y los dulces. Sin embargo, ¡estoy harto de ver a gente que se rindió! La única diferencia entre esas personas y yo (¡y espero que también sea la diferencia entre ellas y tú!) es que yo estoy dispuesto a trabajar y a experimentar el dolor que sea necesario para mantener en forma mi cuerpo y mente, y así poder tener un buen desempeño durante el día, vivir la vida que siempre soñé y perseguir mi visión pase lo que pase.

Si no estás consiguiendo lo que quieres de la vida y estás en una mala forma física, eso se debe a que esas dos cosas están conectadas. Es momento de decir «ya basta». Es momento de admitir «estoy harto de estar harto». Es hora de levantarte y hacer algo todos los días que te haga sudar y eleve tu ritmo cardiaco. Atrévete a sentirte incómodo, ya sea por cinco minutos o por 50. Haz algo que sea tan incómodo que pueda comenzar el proceso de llevar a tu cuerpo a donde debe estar, y después mantenlo ahí enamorándote del dolor que sientes al ejercitarte. Sí, tu visión, tus relaciones y tus sueños dependen de ello, pero, más importante aún, tu vida depende de ello. ¡Es hora de dar un paso adelante y hacer que tu cuerpo sea grandioso!

ATERRIZANDO

Nuestros hábitos determinan lo que somos y los resultados que obtenemos en el mundo. En mi vida he cultivado algunos que me han proporcionado apoyo y otros que me han hecho daño. Todos lo hemos hecho. Por desgracia, la mayoría de nosotros no comprende lo importantes que son nuestros hábitos. Las personas exitosas, satisfechas y enfocadas en su visión son aquellas que tienen rituales diarios a los que atribuyen la mayor parte de sus éxitos.

Si quieres alcanzar la grandeza en tu vida o en tu negocio, entonces todo lo que hagas debe tener un propósito y una razón. Formar un nuevo hábito no cuesta mucho tiempo, pero es fácil que se desvanezca. La verdadera grandeza proviene del acto intencional de hacer algo positivo una y otra vez. Es momento de revisar las costumbres que has creado y empezar a trazar un nuevo camino enseguida, adquiriendo algunos de los hábitos de las personas más exitosas del mundo.

6

PRACTICA HÁBITOS POSITIVOS

La gente exitosa es simplemente
aquella que tiene hábitos exitosos.
BRIAN TRACY

A muchos aficionados a los deportes les encanta gritarles desde el sillón a los atletas que «desperdician su potencial», «dan sus dotes por sentado», «no se esfuerzan» o «no actúan como modelos a seguir». Suele ser una proyección vacía, lanzada a grandes hombres y mujeres que han conseguido más de lo que sueñan los simples aficionados. Sin embargo, a veces hay cierta verdad en sus palabras.

Cualquiera que haya tratado de lograr algo en los deportes puede decirte que, mientras ellos se esforzaban al máximo en cada entrenamiento y se dejaban la piel en el campo, había otros atletas que solo usaban una fracción de sus capacidades. Pensemos en tipos como Allen Iverson, All-Star de la NBA (quien, durante una infame conferencia de prensa en la que fue juzgado por saltarse un entrenamiento, declaró: «Soy el jugador franquicia, ¿¡y estamos aquí sentados hablando de practicar!?»), y el All-Pro de la National Football League Charles Woodson. Ambos hacían el mínimo esfuerzo hasta que era hora de jugar. La habilidad de Woodson como *cornerback* All-American, ganador del trofeo Heisman y All-Pro de la NFL era tan peculiar, tan de otro mundo, que no se molestó en crear el hábito de practicar hasta que pasaron 10 de los 18 años que duró su carrera profesional. Y solo lo hizo porque se dio cuenta de que les estaba dando un mal ejemplo a los jugadores más jóvenes que lo idolatraban, no porque lo necesitara para competir en la élite; eso volvió locos a todos los entrenadores que tuvo en los distintos equipos.

Pero esta no es una historia exclusiva de los deportes. Los malos hábitos de práctica —o problemas de preparación, como me gusta llamarlos— trascienden el mundo deportivo y nos afectan en nuestras relaciones y trabajos. Hacer lo mínimo en tu empleo. Apresurarte para terminar una tarea en el último momento porque sabes por experiencia que no necesitas empezar a trabajar antes. Olvidar el cumpleaños de tu pareja y correr de un lado a otro ese mismo día para encontrar un regalo decente que no delate tu descuido. Realizar una dieta extrema para bajar cuatro kilos antes de ir de vacaciones a la playa. Hacemos este tipo de cosas porque nos fue bien con ellas en el pasado. Fuimos lo bastante rápidos, ingeniosos, jóvenes o suertudos. Nos apoyamos en nuestras experiencias y habilidades, no en una preparación adecuada. Tenemos malos hábitos y, tarde o temprano, se nos acabará la suerte.

Uno de mis maestros más inspiradores permitió que los malos hábitos se apoderaran de él. De hecho, es un hombre con una historia muy similar a la de Charles Woodson (sin la fama y sin los millones, por supuesto). Su nombre es Graham Holmberg, y jugué futbol americano con él en la universidad. Práctica tras práctica, semana tras semana, temporada tras temporada, vi cómo lograba salir adelante solo con sus destrezas físicas y su agilidad, un talento considerable que él estaba empeñado en desperdiciar. Yo estaba feliz de que jugara en nuestro equipo (nunca querrías estar del otro lado del balón contra un tipo como Graham), pero también estaba celoso y enojado. A pesar de que parecía tener un potencial atlético ilimitado, alcanzar la grandeza no parecía estar entre sus objetivos. Graham prefería estar de fiesta, masticar tabaco (¡a veces lo hacía hasta en los entrenamientos!), quedarse despierto y luego dormir hasta tarde, coquetear con mujeres y divertirse. No tenía ambición alguna, además de ser bastante bueno y seguir divirtiéndose.

Quizás en este momento estés pensando: «¡Eso suena fantástico!». Y así es, o puede serlo, al menos por un tiempo. ¿A quién no le gusta divertirse de vez en cuando? Pero esta es la clave: *de vez en cuando.* Si es todo lo que haces, pronto será aburrido, sobre todo cuando no produce nada duradero o el talento no puede compensar el desajuste que crearon los malos hábitos.

Es posible que otros tengan una pregunta diferente: «¿Y si no tienes talento? ¿Qué pasa?». En primer lugar, eso es una tontería. Cada uno de nosotros tiene talento en su interior; quizá diagnosticaste mal cuál es el tuyo, lo negaste o lo diste por sentado. Y, en segundo lugar, el talento —al menos el del tipo que tiene Graham— no es un destino. Claro que puede ayudarte a alcanzar la grandeza más fácilmente, pero esta no es territorio exclusivo de los talentosos. La grandeza es el resultado de visionarios que perseveran, se enfocan, confían y *se preparan.* Es un hábito, no un derecho de nacimiento.

Por desgracia, como siempre fue talentoso y recibió sus dones al nacer, Graham ignoró el poder de los hábitos que sus padres, maestros y entrenadores trataron de inculcarle con la práctica. Una mejor forma de expresarlo es decir que Graham dejó que sus malos hábitos controlaran su vida. Lo que he aprendido al hablar con verdaderos grandes, como Ángel, Shawn, Ameer y mi hermano, es que la mejor forma de desperdiciar tus talentos es permitiendo que los malos hábitos tomen las riendas. Las consecuencias de una vida llena de ellos son inevitables.

MANTENERSE A FLOTE

Quizá no creas que Graham sea el maestro que necesitamos. Nunca se acercó a la grandeza que todos veíamos en él y, con el paso del tiempo, se volvió una persona infeliz. Pero la historia de Graham no termina aquí, se pone peor y después mejor. Cuando dejó la escuela no se hizo profesional, ni siquiera semiprofesional. ¡No fue a ningún lado! Se quedó justo en el lugar en el que estaba, como la mayoría de las personas que viven sus mejores años en la preparatoria, nunca se mudan de ciudad y ven cómo la vida se extiende en toda su longitud ante sus ojos. Era como si Graham fuera un Al Bundy de la vida real, el personaje de la famosa serie de televisión de los noventa *Matrimonio con hijos*. En la serie, el mayor logro de Al había sido anotar cuatro *touchdowns* en el campeonato de la ciudad con la Escuela Preparatoria Polk. Después de ese momento, toda su vida iba cuesta abajo. Como Al, Graham batallaba para mantenerse a flote. Pero esa no es una estrategia de crecimiento personal; no hay progreso cuando estás flotando, solo batallas para mantenerte en un mismo lugar, con la cabeza fuera del agua apenas lo suficiente para no ahogarte.

Así era como vivía Graham años más tarde, cuando se enteró de que un primo había muerto en un accidente automovilístico. En ese momento, algo hizo clic en Graham, como si por fin hubiera despertado del estupor en el que se había hundido. En vez de mantenerse a flote, empezó a patalear y a bracear con un propósito. Nunca he visto a nadie darle vuelta tan rápido a su vida: dejó sus vicios de un día al otro y empezó a ir al gimnasio sin descanso. En ese nuevo camino, desarrolló los hábitos de vida y deportivos que al final lo convertirían en campeón mundial de los CrossFit Games y le harían ganar el título de «el hombre en mejor forma del mundo».

Pero la grandeza que alcanzó con el ejercicio no es de lo que más podemos aprender, o al menos no es de lo que yo aprendí más. El cambio de Graham hundía sus raíces en su mente. Se convirtió en una persona espiritual y se entregó a la fe. Empezó a trabajar como entrenador de beisbol en la preparatoria a la que había ido su querido primo. Abrió su propio gimnasio de CrossFit, donde ofrecía sesiones de estudio de la Biblia los fines de semana. Se casó e inició una familia. Convirtió la adversidad que lo hizo recapacitar en una nueva visión donde los hábitos positivos le proporcionaron la energía necesaria para transformar todas las áreas de su vida.

«No quería ser hipócrita con los niños, inspirarlos, entrenarlos y enseñarles buenos hábitos, cuando yo estaba haciendo cosas malas. Decidí eliminarlas de mi vida y no dejar que me siguieran controlando», me contó.

Para Graham eso significaba dejarlo todo, desde masticar tabaco y tomar alcohol hasta otros pecados menos tangibles pero igualmente tóxicos: los celos, el enojo, la ingratitud y el egoísmo. Ese es el delicado secreto de los hábitos: se construyen o se cambian más fácilmente de uno en uno, pero al final tendrás que cambiarlos todos si quieres alcanzar la grandeza. En la búsqueda de la grandeza, no hay sustituto posible para el desarrollo de buenos hábitos.

EL CONSEJO DE UN ANTIGUO GRIEGO

Aristóteles dijo: «Somos lo que hacemos día tras día. Por eso la excelencia no es un acto, sino un hábito». Este antiguo griego entendió la importancia de los hábitos positivos para sobreponerse a las adversidades y perseverar en el camino a ser un campeón. He aprendido que los campeones no nacen, sino que se hacen cuando aceptan y se comprometen con hábitos positivos que pueden cambiarles la vida.

Conozco a Graham desde hace más de una década y, al ver cómo hizo un cambio consciente a un nuevo camino, decidí examinar mis propios hábitos. Vi la rapidez con la que los hábitos positivos aumentaban mi fortaleza y posibilitaban que tuviera una confianza más profunda en mí mismo, en mi visión y hasta en la espiritualidad.

Al principio, este proceso no es fácil. Cuando empecé mi transformación, yo no tenía los malos hábitos más obvios —drogas, alcohol o fumar— porque desde chico me di cuenta de los problemas que le crearon a mi hermano y no quise caer en esos errores. No era perfecto en ningún sentido (y alcanzar la grandeza no consiste en ser perfecto), pero mis malos hábitos no se veían con tanta claridad ni se entendían enseguida. Gracias a momentos de introspección y a lecciones de grandes como Chris Lee y Tony Robbins, por fin pude ver los malos hábitos que había desarrollado desde que estaba en el equipo de basquetbol de la preparatoria.

- Me castigaba a mí mismo.
- Era malagradecido.
- No reconocía cambios positivos.
- Me juzgaba con dureza, y también a los demás.
- Les faltaba al respeto a mis padres y familia.
- Me quedaba demasiado tiempo en relaciones insatisfactorias.
- Comía mal.
- No me ejercitaba con regularidad.
- El espacio donde vivía estaba muy desordenado.
- Decía groserías como albañil.
- Me quedaba despierto toda la noche.
- Dormía hasta tarde en la mañana.
- Hacía trampa en mis tareas y exámenes.
- Reaccionaba ante las situaciones de tal forma que preocupaba a otros.
- No practicaba.

Me tomó mucho tiempo y necesité mucha retroalimentación para darme cuenta de todo lo que no estaba funcionando en mi vida, y ese seguirá siendo un trabajo que haga hasta que muera. Con el paso de los años, empecé a sumar hábitos positivos y noté un cambio drástico en los resultados que obtenía y en la forma en la que me sentía. Algunos de estos hábitos fueron:

- Expresar gratitud.
- Sonreírles a tantas personas como fuera posible.
- Ir a dormir temprano.
- Dormir siete u ocho horas.
- Hacer mi cama en la mañana.

- Ser organizado.
- Reconocer las cosas buenas que hago y que hacen los demás.
- Amar a las personas sin importar en qué parte de su viaje estén.
- Comer bien.
- Entrenar mi cuerpo.
- Ahorrar e invertir mi dinero con inteligencia.
- Meditar.
- Visualizar mis resultados y crear un plan de acción.
- Respetar a los demás.
- Invertir en mi crecimiento personal.
- Prepararme para los momentos importantes.
- Rodearme de personas inspiradoras.

Mantener tus hábitos positivos puede ser un reto, a veces hasta yo tengo problemas. Ha habido muchos momentos en los que estaba ejercitándome y en la mejor forma de mi vida, y entonces, por alguna razón, recaía en mis malos hábitos. Antes de que me diera cuenta, pasaban tres o cuatro meses y de repente estaba en el mismo lugar que Rich Roll, ¡exhausto tras haber subido medio tramo de escaleras!

La clave para sobrevivir y progresar después de esos momentos es no rendirte cuando rompas un hábito. En vez de eso, debes reconectarte con tu visión y recordar por qué es importante que le seas fiel.

Un hábito y sus resultados pueden cambiar rápido, así que es importante que te prepares para ganar y hacer lo que a ti te funcione para seguir por ese camino. Para algunos puede funcionar llevar un diario de los hábitos que mantuvieron y de los que rompieron, y crear recompensas y consecuencias para cuando lo hagan. Para otros la solución puede ser contratar a un *coach* que los ayude a rendir cuentas de sus acciones, o buscar a un compañero o amigo con el que puedan trabajar en eso. Unos más pueden encontrar un grupo de *mastermind* en el que todos se desafíen constantemente a seguir en el camino correcto.

Lo complicado de los hábitos (buenos y malos) es que si los ves de forma individual no parecen tan importantes. Es cuando lo ves en conjunto que se vuelven increíblemente poderosos. Pueden frustrar con facilidad y por sorpresa el mismo progreso que ayudaron a construir. Este es el motivo por el que admiramos tanto a las personas con mucha disciplina. No es porque hayan nacido siendo grandes, sino porque entendieron el poder de los hábitos y lo aplicaron para crear un estilo de vida que los ayuda a conseguir la mejor versión de sí mismos.

Casi todo el mundo conoce la famosa (y mítica) historia de cómo Michael Jordan no entró en el equipo de basquetbol en la preparatoria. No solo lo tomó como una motivación (de hecho, lo degradaron a jugar en el equipo *junior* de la escuela en su segundo año), sino que desarrolló un régimen completo de hábitos positivos que lo ayudaron a convertirse en el mejor basquetbolista de la historia, y que incluían pasar los periodos fuera de temporada creando nuevos movimientos que lo hicieran aún más imparable.

James Altucher, el gran empresario y escritor, ha hablado abiertamente durante años sobre cómo tocó fondo una y otra vez. Su brillante libro *Choose Yourself!* trata de cómo los hábitos positivos que desarrolló lo han ayudado a levantarse y a hacerlo más exitoso de lo que era. Desde escribir diez ideas todos los días hasta su ahora famosa «práctica diaria» con la que calibra su salud física, emocional, mental y espiritual para trabajar en ella. Mi excompañero de equipo Graham Holmberg hizo lo mismo para cambiar su vida.

No quiero que pienses que se trata de una cuestión de moralidad, porque, aunque es importante, en realidad se trata de optimización humana, no de evitar los pecados. Irónicamente, fue Eric Thomas, conferencista motivacional y «predicador hip-hopero», quien me ayudó a clarificarlo cuando señaló un mal hábito que casi todos tenemos: distraernos. Piensa en lo difícil que es mantenernos enfocados en una tarea en estos días; desde las redes sociales hasta los *e-mails*, hay miles de cosas que pelean por nuestra atención.

Así que Eric se decidió a cambiar esa tendencia con su trabajo. Me contó que tiene una política de «cero interrupciones» cuando está tratando de ser creativo. «Cuando empiezo, no me importa si es mi esposa o mis hijos; ellos saben que por un determinado tiempo no estoy disponible. No puedo contestar el teléfono, no puedo ir a ver televisión, no puedo caer en las distracciones que hay a mi alrededor». Esto lo ha ayudado a crear mensajes que han llegado a millones de personas en todo el mundo.

Eric también impulsa a empresarios y artistas que no parecen capaces de crear un trabajo que tenga impacto. «Es porque no están en abstracción», me aseguró. «No tienen un momento en su día, ya sean diez minutos o cuatro horas, en el que apaguen el mundo entero. Nada de Twitter, Facebook, Instagram. Nada. Durante ese tiempo, deben estar 100% enfocados. Cuando salgan de esa zona de enfoque, pueden entrar a Instagram. Y seré honesto: su contenido seguramente tendría más fuerza si se concedieran ese tiempo de aislamiento y soledad, un momento para pensar.

Dense la oportunidad de concentrarse y, cuando lo hagan, háganlo al 120%. Ese es mi ritual».

En realidad, se trata de un hábito. Un hábito excelente. La belleza (y la maldición) de los hábitos es que, una vez que están formados, es difícil romperlos. Perseguir grandes hábitos conscientemente te ayudará a entrar en piloto automático en el camino que lleva a la grandeza.

TIENDE TU CAMA, CAMBIA TU VIDA

Te daré otro ejemplo sobre lo simples y pequeños que pueden ser los buenos hábitos: tiende tu cama. En 2014, el almirante Willam McRaven dio un excelente discurso en la graduación de la Universidad de Texas en Austin. Durante el discurso, se enfocó en lo importante que es tender e inspeccionar la cama de un marino cada mañana. Puede parecer un acto insignificante, metiche y extraño, propio de las normas militares. Después de todo, eso era lo que te decía tu mamá todas las mañanas, ¿no? Sin embargo, cuando se lo escuchas al almirante McRaven, es la definición misma de hábito positivo. Es la forma correcta de iniciar tu día con un logro que te empuje a cumplir las demás tareas. Además, como dijo el almirante: «Tender tu cama también reforzará el hecho de que las cosas pequeñas importan. Y, si no puedes hacer bien las cosas pequeñas, nunca podrás hacer bien las grandes».

El almirante McRaven no fue la primera persona en descubrir el poder de tender tu cama por las mañanas. Gretchen Rubin, experta en hábitos y autora del *bestseller* del *New York Times Objetivo: felicidad*, ¡habla en su blog sobre la importancia de tender tu cama desde 2007! De hecho, millones de lectores que también han trabajado en sus propios objetivos de felicidad declararon que tender su cama era lo que más impacto había tenido en su felicidad. Su explicación sobre la razón detrás de esto, la cual escribió unos meses antes del lanzamiento de *Objetivo: felicidad*, recuerda a la del almirante McRaven en muchos puntos.

> Primero, tender tu cama es rápido y fácil, pero marca una gran diferencia. Todo se ve más limpio. Es más fácil que encuentres tus zapatos. Tu cuarto se convierte en un entorno más tranquilo. Para la mayoría de las personas, el orden exterior contribuye a la paz interior.
>
> En segundo lugar, mantener cualquier resolución que se tome, sin importar cuál sea, te proporcionará satisfacción. Decidiste hacer un cambio y respetas esa decisión. Como tender la cama es una de las primeras cosas que hago en la mañana, empiezo el día de forma eficiente, productiva y disciplinada.

Tengo que ser honesto: cuando mi primera compañía consiguió su primer millón de dólares en ventas, uno de los lujos que me di fue contratar a un asistente. Me da pena decir que una de las cosas que mi asistente hacía por las mañanas era tender mi cama (¡al menos alguien estaba desarrollando el hábito!), pero cuando comprendí la importancia de los hábitos positivos, lo detuve. Me di cuenta de que, al hacer que mi asistente se encargara de ese tipo de tareas, me estaba privando de una gran oportunidad para practicar un hábito positivo que me haría comenzar mi día en mi propio camino a la grandeza. Y ahora, cada mañana al despertar, tiendo mi cama para empezar mi día con satisfacción y disciplina.

LOS HÁBITOS DE LA GENTE EXITOSA

Te voy a decir algo acerca de los hábitos positivos: no importa cuáles practiques, siempre y cuando sean benéficos y funcionen para ti. Lo importante es que te comprometas con ellos y los hagas todos los días. Al igual que el trabajo duro, se trata de esforzarse; para practicar los hábitos positivos es necesario que te entregues a una rutina. Una rutina puede garantizarte un avance en el camino a la grandeza, sobre todo si logras desarrollar hábitos positivos relacionados con las otras lecciones de este libro: crear una visión, sobreponerte a la adversidad, cultivar una mentalidad de campeón, esforzarte, dominar tu cuerpo, formar un equipo y estar al servicio de los demás.

Si eres como yo era antes de ver a mi amigo Graham darle la vuelta a su vida y brincar a la cima del CrossFit como si fuera un canguro rubio, es posible que necesites ayuda para descifrar qué hábitos positivos debes practicar. Para ser honestos, hasta yo tengo problemas con eso. Por eso, cada vez que conozco a grandes personas, tengo un pequeño hábito (supongo que es más bien un metahábito) que trato de hacer siempre. Intento observar y aprender los pequeños hábitos que seguramente los hicieron grandiosos; a veces, cuando participan como invitados en mi pódcast, hasta pregunto explícitamente sobre ellos. ¿Por qué? Porque quiero ver cuáles podría incorporar a mi propia vida.

En 2014, la revista *Entrepreneur* publicó un artículo sobre este tema en su sitio web. Había una gráfica muy interesante en la que se detallaban los hábitos diarios de las personas más adineradas del mundo. Si bien ganar dinero es un elemento de la grandeza (no el único, de ninguna manera), hay algo que podemos comentar sobre cómo sus hábitos se trasladan a otros ámbitos de su vida.

Estos son sus hábitos:

1. Tienen una lista de pendientes.
2. Se despiertan tres horas antes de ir a trabajar (para prepararse para el día).
3. Escuchan audiolibros en sus viajes al trabajo, leen si toman el transporte público ¡o escuchan mi pódcast!
4. Trabajan en sus conexiones personales más de cinco horas al mes.
5. Leen más de 30 minutos cada día.
6. Hacen ejercicio cuatro veces a la semana (yo recomiendo cinco y moverse todos los días).
7. Comen poca comida chatarra.
8. Ven una hora o menos de televisión al día.
9. Les enseñan a sus hijos hábitos positivos de triunfo diario.
10. Alienta a sus hijos a ser voluntarios al menos diez horas al mes (yo te recomiendo que lo hagas con ellos para darles ejemplo).
11. Les piden a sus hijos que lean dos libros o más al mes (yo no leí tanto de niño como me hubiera gustado).
12. Escriben sus metas.
13. Se enfocan en conseguir una meta en específico.
14. Creen en la educación continua para seguir mejorando.
15. Creen que los buenos hábitos crean oportunidades.
16. Creen que los malos hábitos tienen un impacto negativo.

Tener esos hábitos no garantizará que te vuelvas millonario o que alcances la grandeza específica que buscas, pero sin duda ayudarán, ¡e incluso podrían ser el trampolín que estás buscando!

Yo he incorporado muchos de ellos a mi vida diaria. Estos son los hábitos en los que me enfoco:

1. Despertar temprano para agradecer que estoy vivo un día más (no tres horas antes, pero ¡sigo practicando!).
2. ¡Tiendo mi cama!
3. Medito por diez minutos.
4. Tomo un juego verde con el desayuno.
5. Estiro y muevo mi cuerpo.
6. Hago un entrenamiento de alta intensidad.
7. Como alimentos orgánicos y hechos en casa.
8. Veo muy poca televisión (durante cuatro años ni siquiera tuve una para poder mantenerme enfocado).
9. Me concentro en mis metas y doy pasos seguros hacia ellas.
10. Creo conexiones con el propósito de servir a los demás.
11. Les doy reconocimiento a los demás y sonrío en cada conversación.
12. Expreso gratitud durante todo el día y antes de dormir.
13. Trabajo con un entrenador y mentores.
14. Trato de aprender constantemente.

Aquí tienes otros hábitos que adopté de algunas de las personas más grandes que he conocido en mi camino.

SÉ FIEL A TU PALABRA. Aprendí esto cuando, a los 11 años, mi padre me atrapó robándole dinero. Recuerdo que le mentí y después, cuando se enteró de la verdad, me sentí muy culpable y avergonzado por las consecuencias de mis acciones. Me enseñó que esas emociones que hacían que me sintiera enfermo eran el resultado de no ser fiel a mi palabra. Esto significa simplemente hacer lo que dices que harás. No mentir es parte de ser fiel a tu palabra. Un amigo me dijo alguna vez que, mientras respiremos, siempre estaremos rompiendo nuestras promesas. No soy perfecto, pero es algo por lo que me esfuerzo todos los días. La forma más fácil de hacer que alguien se sienta poco valorado o como si no importara es rompiendo la promesa que le hiciste o fallar en cumplirla sin haber renegociado (la hora a la que llegarás a una junta, lo que pueden esperar de ti, etc.). Si eres confiable para las otras personas, también será más fácil que confíes en ti mismo. Honrar tus compromisos hacia las otras personas hace que sea más fácil honrar los compromisos que estableciste contigo mismo cuando creaste tu visión de la grandeza.

ENFÓCATE EN LA GRATITUD. Este es un hábito que aprendí de Tony Robbins. En su libro *Controle su destino. Despertando al gigante que lleva dentro,* habla mucho sobre la gratitud, y dice que incluso si no te sientes agradecido siempre puedes preguntarte: «¿De qué podría estar agradecido?». He descubierto que este hábito es un gran ejercicio cuando te sientes estancado. Hace algunos años, cuando invité a Ramit Sethi a mi pódcast, me di cuenta en plena entrevista de que quería agradecerle a esa persona a la que admiraba y de la que tanto había aprendido. (Su *bestseller* me ayudó a saldar la deuda del préstamo universitario, y mi vida cambió cuando terminé de pagarla).

No sé por qué, pero fue muy difícil decirlo. Creo que me preocupaba que sonara extraño. La gente espera su vida entera para obtener reconocimiento, y la mayoría solo lo consigue al graduarse de la escuela o cuando es demasiado tarde y ya están muertos (esta es la historia de al menos la mitad de los famosos artistas impresionistas cuyas invaluables obras de arte cuelgan en las galerías más prestigiosas del mundo). ¿Por qué esperar? Cada noche repaso en mi mente todo por lo que estoy agradecido. Mi mensaje de voz en el buzón de mi teléfono es sobre el agradecimiento. Y, como hice con Ramit, trato de decirles a las personas lo mucho que me han ayudado. De hecho, ¡podría decir que este libro es también un trabajo de gratitud!

TEN UN RITUAL MATUTINO. He aprendido de Tim Ferriss la importancia de tener un ritual matutino. Él me dijo: «Creo que para los empresarios es muy valioso saber cuál será su rutina matutina al despertar durante una semana. ¿Cómo se verán esos primeros 60 minutos? Escribe un guion para poder hacer lo mismo todos los días. Creo que es una experiencia muy liberadora dedicarles más energía y pensamiento a las cosas que importan, en vez de pensar qué desayunarás hoy. Creo que las rutinas y los rituales son extremadamente importantes para la gente que quiere ser creativa».

No tiene que ser complicada. Esta es mi rutina durante los días que no estoy de viaje.

- Despierto y expreso todo por lo que estoy agradecido.
- Hago una meditación guiada por 10 minutos y visualizo lo que quiero crear en el mundo ese día.
- Hago estiramientos ligeros y posturas de yoga.
- Hago ejercicio de 30 a 60 minutos.
- Tiendo la cama y me lavo los dientes.
- Me baño y me visto.
- Tomo un jugo verde con mis vitaminas y desayuno.

Solo entonces empiezo a trabajar en lo que voy a crear durante el día en mi negocio y mi visión.

DEJA IR LAS REACCIONES. Construir el hábito de dejar ir, de no tomar las cosas personales, es una gran forma de reducir el estrés en tu cuerpo. Así que cuando alguien cruce por delante de ti en la carretera de repente, no le muestres el dedo de en medio ni reacciones de forma negativa. Mejor relaja tu cuerpo, respira profundo y enfócate en que estás a salvo y en lo que estés más agradecido en ese momento o día, algo que sea más importante que tú y que cualquier persona que se te haya cruzado mientras manejabas.

EXPRESA TUS DESEOS Y NECESIDADES. Muchas personas evitan expresar o comunicar lo que quieren y necesitan (en la vida, las relaciones, los tratos de negocios, el matrimonio, con sus compañeros de trabajo, etc.). Reprimen sus sentimientos y emociones, que regresan más tarde para llenarlos de rencor o frustración. De todas las personas en mi vida, mi mamá me enseñó esto mejor que nadie. Ella siempre ha estado a favor de comunicar todo y ser claros en lo que queremos. Haz preguntas cuando no entiendas algo en vez de seguir la corriente, y habla para discutir lo que sientes aunque no te gusten las confrontaciones.

DALES RECONOCIMIENTO A LOS DEMÁS (Y A TI MISMO). De la misma forma que expresé mi gratitud con Ramit, adoptar el hábito de concederles reconocimiento a los demás es una herramienta eficaz, porque nuestra tendencia natural es evitar la atención de la multitud. Es un mecanismo de defensa. Al reconocer lo que hacen los demás, su contribución, su ayuda o su existencia, también reconoces su humanidad y además la tuya. Vi el impacto inmediato y el poder de este hábito cuando hablé y trabajé con Chris Lee. Vi cómo ayudaba a otros a darles reconocimiento a las personas en sus vidas, y el cambio era casi inmediato. Esto es increíblemente importante en la búsqueda de la grandeza, porque nunca llegarás ahí solo. Necesitas un equipo que te apoye. La única forma en que un equipo puede funcionar es reconociendo todas las grandes cosas que hacen.

SÉ VULNERABLE. También aprendí acerca de la importancia de ser vulnerable y de platicar del pasado con Chris Lee, quien me enseñó a hablar sobre los momentos más difíciles de mi infancia. Él me ayudó a contar cosas que nunca le había dicho a nadie y me mostró la libertad que esa vulnerabilidad desnuda permitía. No solo es una gran virtud que ayuda a construir confianza, sino que tener el hábito de hablar del pasado en lugar de esconderlo te ayudará a aprender de tus errores para seguir creciendo como persona. La grandeza consiste en mejorar día a día, en el trabajo, en las relaciones personales y en cualquier cosa que te lleve a tu visión, y no lo lograrás nunca si sigues cometiendo los mismos errores una y otra vez.

Dicen que el amor es la disposición a ser completamente vulnerable, y lo mismo podemos decir del éxito en cualquier cosa que hagas. De no haberse empujado al límite de sus habilidades hasta quedar al borde del agotamiento, Graham Holmberg no se habría convertido en campeón de CrossFit ni Shawn Johnson en campeona olímpica: eso es vulnerabilidad física. Ángel Martínez no podría haber convertido Reebok en un gigante del calzado sin correr varios riesgos en los años ochenta, justo después de una recesión y apostándolo todo a un zapato aeróbico: eso es vulnerabilidad económica.

Ese fue uno de los hábitos que más trabajo me costó aprender, porque hay cosas en mi pasado que durante mucho tiempo traté de borrar, olvidar o escapar de ellas. No es una coincidencia que, cuando me decidí a enfrentarlas y me permití ser lo bastante vulnerable como para hablar abiertamente de ello con otras personas, ¡todo por lo que me estaba esforzando empezó a despegar!

No voy a decirte que desarrollar y practicar estos hábitos vaya a ser fácil o divertido todo el tiempo. Puede ser muy duro, en especial al principio. Tendrás recaídas, y está bien. Solo tienes que mantenerte enfocado en tu visión, estar dispuesto a perseverar pese a esos fracasos puntuales y esforzarte como el campeón que quieres llegar a ser. Ese es el precio de la grandeza. Como dijo Benjamin Franklin: «La energía y la perseverancia conquistan todo». Lo que puedo decirte es que poco a poco empezarás a dar pasos en la dirección correcta y a cosechar las recompensas. Y, cuando eso pase, aceptarás esos hábitos positivos con la misma energía con la que buscas la grandeza.

EJERCICIO #1:

LA ACTITUD DE LA GRATITUD

Como ya mencioné en el capítulo 2, expresar gratitud en todas las áreas de tu vida te ayuda a luchar contra las adversidades internas y externas. Si te concentras en lo que tienes, siempre tendrás más. Si te concentras en lo que no tienes, nunca tendrás suficiente. Cultivar la positividad toma trabajo. No estoy sugiriendo que nunca puedas tener días difíciles, pero la vida es más fácil si desarrollas una actitud de gratitud. Tu tarea para las próximas dos semanas es sencilla y clara y, si la haces bien, empezará a cambiar tu perspectiva sobre cómo interactuar con las personas de tu vida. Durante el último año he desarrollado el hábito de decirle a la persona con la que esté al final del día tres cosas por las que estoy agradecido. Es fantástico.

Si lo haces todos los días, empezarás a buscar conscientemente cosas por las cuales estar agradecido. Te sentirás más vivo y receptivo a todo lo bueno que llega a tu vida e incrementarás la felicidad de los pequeños momentos.

Estas son algunas cosas por las que puedes sentir gratitud:

- Hablar con un amigo con el que hacía mucho no hablabas.
- El ejercicio que hiciste en la mañana.
- Conseguir un cliente nuevo o concretar una cita importante.
- Terminar el proyecto en el que estabas trabajando.
- El amor que recibiste hoy.

Sin importar lo malo que sea tu día, siempre hay mucho que agradecer. El simple hecho de estar vivo y que se te haya concedido un día más es un regalo enorme. Tenemos mucho que agradecer, incluyendo lo más básico, como la comida, el medio ambiente, nuestra salud o nuestros amigos.

Comparte tu gratitud y regálala. Esto es algo que deberías hacer cuando las cosas estén saliendo bien en tu vida *y* cuando todo parezca estar en tu contra.

Estas pequeñas cosas pueden parecer irrelevantes y triviales en contraste con tu visión, y lo entiendo, pero lo que tú debes entender es que el efecto que tienen estos detalles en tu vida se expande a todas las áreas, no solo a una.

EJERCICIO #2:

ESCRIBE TU MANIFIESTO DE HÁBITOS

Esto lo tomé del plan de Gretchen Rubin para construir hábitos positivos. Ella publicó su propio manifiesto de hábitos en 2014.

MANIFIESTO DE HÁBITOS

Lo que hacemos *todos los días* importa más que lo que hacemos *de vez en cuando.*

Haz que sea fácil hacer el bien y difícil hacer el mal.

Enfócate en las acciones, no en los resultados.

Al renunciar a algo, podemos ganar algo.

Con frecuencia, las cosas se ponen más difíciles antes de ser fáciles.

Cuando nos damos más, podemos exigirnos más.

No somos muy diferentes de las demás personas, pero esas diferencias son *muy* importantes.

Es más fácil cambiar lo que nos rodea que a nosotros mismos.

No podemos cambiar a las personas, pero si cambiamos nosotros, puede que los demás cambien.

Debemos asegurarnos de que lo que hacemos para sentirnos *bien* no haga que nos sintamos *mal*.

Podemos manejar lo que monitorizamos.

Una vez que estamos listos para empezar, debemos empezar *ahora*.

Estudia cada una de las declaraciones de Gretchen y reflexiona acerca de cómo se relacionan con tu vida. ¿Cómo puedes aplicarlas? ¿Qué añadirías o quitarías? ¿Por qué?

Ahora regresa a la página 177 y repasa la lista de mis hábitos positivos y la de las personas más adineradas del mundo. Haz una lista para ver si pones en práctica alguno de ellos o si haces lo opuesto.

Después piensa en tres cosas que figuren en esas listas y que puedas sumar a tu rutina durante las próximas dos semanas y empieza a hacerlo ahora mismo. No importa cuáles elijas. Después de esas dos semanas, evalúa tu vida en su totalidad, cómo te sientes y si consideras que esos hábitos sean valiosos.

Después de esas dos semanas, suma tres hábitos más a tu rutina y ajusta los demás para que aporten algo a tu visión hasta que te sitúes en el camino hacia una vida llena de hábitos positivos. No soy perfecto y no siempre tengo mis hábitos bajo control, así que no espero que tú lo hagas. Pero, si estableces una base de hábitos positivos, las recompensas llegarán tarde o temprano y serán mejores de lo que te imaginas. Además, te acercarán a cumplir tu visión y a la grandeza.

EJERCICIO #3:

EL RETO DE LA RUTINA MATUTINA DURANTE 28 DÍAS

Los pequeños ajustes llevan a grandes transformaciones. Lo que haces al despertar marca el ritmo para el resto de tu día y, si bien el establecimiento de objetivos claros, la búsqueda de una visión y el poder de la intención son extremadamente importantes, la grandeza consiste en entrar en acción para hacer cambios.

Durante este mes tu desafío será diario, en la mañana. Será como resetear la forma en la que inicias cada día. Este reto de 28 mañanas es lo bastante largo como para recomponer un mal hábito y empujarte a la grandeza. Completarlo hará que inviertas tu tiempo de forma más consciente y eficiente. Tu tiempo es valioso, y quiero que realices este ejercicio pensando en cómo lo usas.

Durante las próximas cuatro semanas deberás comprometerte con una acción que emprenderás para acercarte a tu visión. Este reto te obliga a tomar responsabilidad de tareas sencillas (y posiblemente mundanas) que te ayudarán a vivir una vida llena de grandeza.

Elige una de las siguientes actividades para realizarla todas las mañanas antes de revisar tu correo o tu celular o de hacer cualquier tipo de trabajo.

- Pasa 30 minutos escribiendo tan pronto te despiertes (un diario sobre tus metas, escritura libre sobre lo que sientes en tu corazón, reflexiones sobre tu visión/adversidad/sueño).
- Tiende tu cama. Es algo que yo hago todas las mañanas porque me hace sentir que logré algo antes de iniciar el día.
- Haz una lista de tareas del día. Establece tus prioridades o las cosas que debes cumplir durate tu jornada.
- Haz ejercicio, estírate o sal a caminar para que activarte sea lo primero que hagas, antes de que las distracciones de la mañana aparezcan.
- Siéntate a desayunar. Esto puede parecer sencillo, pero en vez de tomar un café y una dona para llevar o para comer en tu coche mientras estás en el tráfico, tómate el tiempo de preparar y disfrutar un desayuno saludable y balanceado.

La decisión de qué hacer en la mañana es tuya, pero haz algo que, aunque parezca pequeño, aporte algo a tu visión. Establecer una rutina matutina marca el tono que tendrá el resto de tu día, así que elige una que te haga avanzar en la consecución de todos tus sueños.

CONSEJO DE ENTRENAMIENTO

Es importantísimo que sopeses el costo y el beneficio de cada decisión que tomes en el día. Y no te engañes: todo tiene un costo y un beneficio. Los buenos hábitos tienen beneficios (crecimiento), y también los malos (gratificación inmediata). Por desgracia, los costos de cada uno son muy diferentes. A veces el costo puede ser tu visión. Necesitas identificar qué hábitos te proporcionan más oportunidades para acercarte a cumplir tus metas.

Es momento de conectarte con tu visión, entender su poder y darte cuenta de que la gratificación inmediata que te ofrecen los malos hábitos no es suficiente para alejarte de ella. Porque cuando adoptas hábitos positivos, te preparas para ganar. Y punto. Cuando no lo haces, casi siempre habrá algo fuera de lugar en tu vida y es muy probable que ni sepas por qué. Es momento de dar un paso adelante y tomarte en serio tus acciones diarias, que son las que te dan el impulso que te ayudará a alcanzar tu visión.

ATERRIZANDO

Al haber jugado deportes toda mi vida, sé lo importante que es hacerlo con un equipo poderoso y qué tipo de equipo debes buscar si tu objetivo es la grandeza. En cada temporada de los deportes y de la vida, nosotros o los que nos rodean jugaremos un rol diferente. A veces seremos la estrella y otras tendremos que desempeñar un rol de apoyo. Debemos aprender a fluir con los cambios que ocurren mientras crecemos y atraemos nuevas oportunidades y experiencias a nuestras vidas. Yo trataba de hacerlo todo solo cuando pensaba que la gente «me decepcionaría», y creía que viviría siempre solo para demostrar que los demás se equivocaban. Era muy fatigoso emocionalmente, además de estresante (y, por supuesto, solitario). Fue hasta que dejé que los demás me apoyaran en mis sueños que la vida empezó a ser más fácil.

Si has estado solo en la vida, quiero que te abras a la posibilidad de cómo podría ser contar con un equipo en el futuro. Puede requerir que cambies de actitud y mentalidad o que busques un equipo totalmente nuevo. Entremos de lleno en este asunto y veamos qué pueden aportarte los ejercicios al final del capítulo.

7

CONSTRUYE UN EQUIPO GANADOR

En unos cuantos años, Justin Bieber ha vendido millones de discos, dado conciertos en cientos de ciudades, cantado frente a miles de personas y ganado cientos de millones de dólares. Si le preguntaras cómo es posible que haya ocurrido, cómo pasó de ser un niño que subía videos de sí mismo cantando a YouTube a ser una de las estrellas más grandes en la historia de la música, te daría un único nombre: Scooter Braun.

Scooter es el exitosísimo representante que lo descubrió en un video de YouTube cuando Bieber tenía solo 14 años y vivía en Canadá. A los 34 años —él mismo era aún un niño, según los estándares de muchos—, Scooter se convirtió en una de las personas más inteligentes e influyentes de la industria musical por una razón: sabía cómo construir un equipo ganador. Comprendió que no se trata solo de encontrar individuos talentosos (creativos, gerentes o de cualquier tipo). El camino que lleva a un estatus de platino y a la grandeza personal pasa por convertir a esas personas en un equipo. Esta es una lección que han entendido a la perfección líderes de todas las disciplinas; su experiencia, como la mía, demuestra que la grandeza no puede ser alcanzada en el vacío o con un esfuerzo solitario.

Scooter aprendió esta lección de un mentor improbable e involuntario: el legendario entrenador de la NBA Phil Jackson. De pequeño quería ser basquetbolista y, como la mayoría de los niños, en cierto momento se dio cuenta de que no era lo bastante alto. Por lo general es algo que pasa cuando finges ser Michael Jordan, estás abajo por dos puntos y el tiempo se agota, y entonces aparece alguien del tamaño de Shaquille O'Neal que logra todo lo que tú querías. Cuando eso sucede algunos niños abandonan sus sueños, mientras que otros canalizan su amor por los deportes hacia otra dirección. En el caso de Scooter, leyó el libro clásico de Phil Jackson *Canastas sagradas*. Para cuando terminó, había decidido que quería ser entrenador. Fue en ese momento cuando se enamoró de la idea de crear el equipo perfecto para ganar.

CULTIVA RELACIONES SÓLIDAS

Scooter formó su primer equipo cuando estaba en la universidad y era promotor en un club nocturno. Aprendió rápido que cultivar relaciones sólidas en los negocios y la vida son los ladrillos con los que se construye la grandeza. Por eso, si hoy pasas algunos minutos en las oficinas de la compañía de Scooter, SB Projects (una de las empresas más importantes de la industria musical), verás que su equipo está conformado por mejores amigos y contactos, algunos de los cuales conoce desde la preparatoria.

Hablar con Scooter sobre lo entrelazadas que están sus relaciones personales y profesionales hizo que me diera cuenta de lo importante que han sido mis propias relaciones en mi camino a la grandeza, en especial en los negocios y los deportes. En los deportes, formé parte de equipos muy buenos y de otros terribles. También estuve en equipos terribles que ganaban y en buenos equipos que perdían. Sin embargo, los que tuvieron un mayor impacto mi vida fueron los equipos que eran tan tóxicos e incoherentes que me dieron ganas de renunciar e irme (y a veces lo hice).

Recuerdo mi primer año en la Universidad Estatal del Suroeste de Minnesota cuando jugaba para un entrenador cuyo estilo de liderazgo era una mezcla entre Bobby Knight y el sargento de la película *Cara de guerra*. Si hacías algo mal, se levantaba y te gritaba en tu cara. Si no hacías algo lo bastante rápido, se esforzaba (con gusto) para gritarte enfrente de todos... y humillarte. No hay nada peor que estar en un equipo con este tipo de energía negativa. Hace que todos se depriman. No queríamos fracasar; queríamos ganar, queríamos ser exitosos esforzándonos al máximo. Nuestro entrenador creía que la mejor forma de hacerlo no era construir una buena relación con sus jugadores y crear una química imparable, sino asustarnos tanto que perder nos diera más miedo que alegría al ganar.

No hace falta decir que su estilo de liderazgo no funcionaba para mí y tampoco para muchos de mis compañeros. Nuestro equipo no se consolidó nunca. Veíamos el siguiente juego en el calendario no como una oportunidad para mejorar, sino como una semana menos para que terminara aquella terrible experiencia. De todos modos, ese equipo, por miserable que fuera, me enseñó una de las mejores lecciones que he aprendido: tienes que hacer que todos remen en la misma dirección, y la única forma de lograrlo es creando vínculos tan fuertes que ir en la misma dirección parezca la única opción. Y esa dirección no debería estar lejos de ti, pues, en el mejor de los casos, no irías a ningún lado, aunque lo más probable sería que te superaran en fuerza de voluntad y empezaran a llevarte en la dirección incorrecta.

Este fenómeno es particularmente cierto en familias y trabajos disfuncionales. Muchos de nosotros hemos sufrido la experiencia de tener un trabajo en el que te sientes en el filo de la navaja y esperas que tu jefe te grite o señale tus errores frente a todos, sin reconocer el buen trabajo que haces a diario. En casa, si tus padres pasan todos los días gritándose (o gritándote a ti), si no sientes que tus talentos están siendo alimentados o cultivados, lo único que puedes hacer es agachar la cabeza y tratar de sobrevivir sin que te castiguen.

Las mejores compañías y familias son grandes equipos. Formar un equipo ganador y modelar los principios en los que se basa es importante no solo en los deportes; incumbe a todas las áreas de tu vida, todo el tiempo.

RODÉATE DE GRANDEZA

La importancia de construir un equipo poderoso es obvia, pero ¿cómo diferenciar un equipo bueno de uno malo? ¿Cómo puedes asegurarte de que sea un equipo ganador el que te respalde o, mejor aún, de que solo eres un jugador más en un equipo donde todos están cambiando el mundo juntos?

Estas son preguntas que yo no estaba capacitado para contestar solo. Esa fue la razón principal por la que decidí crear la Escuela de la Grandeza (y ser un alumno más); así podría reunir a una serie de maestros en mi propio equipo ganador y unirme a las grandiosas cosas que ya estaban haciendo ellos.

Don Yaeger es el autor de siete libros *bestsellers* y es conocido por su colaboración con Walter Payton, *runningback* incluido en el Salón de la Fama, y con otro famoso entrenador de basquetbol, John Wooden. La lección más importante que el entrenador Wooden le enseñó a Don fue esta: nunca serás mejor que tu círculo cercano. Así que, si quieres tener éxito, perfecciona tu círculo cercano.

Fue eso lo que Don me transmitió en el tiempo que pasé con él. Las personas de las que nos rodeamos encarnan nuestra capacidad para el éxito y la grandeza. Si quieres alcanzar la grandeza, asegúrate de que haya grandeza a tu alrededor. A Don esta intuición le abrió los ojos, y se dio cuenta de que no aplicaba solo para el basquetbol y el trabajo que hacía con John o con otros atletas, sino también para todas las áreas de la vida.

«Empecé a pensar todo el tiempo en mi círculo cercano», admitió Don. «¿Quiénes son? ¿Quiénes deberían estar ahí? Incluso sobre el lugar que debía ocupar cada quien dentro de él».

El problema está en que no puedes distanciarte de ciertas personas que llevan años en tu círculo cercano y que a veces están en él por defecto. Don se refería en particular a los miembros de la familia.

«Seamos honestos, no puedes deshacerte de un miembro de tu familia, ¿verdad? Así que decidí que, de todo el tiempo que estaba dedicando a la semana a conversar con esa persona, solo le daría la mitad. Es un gran reto, pero controlar quién está en tu círculo cercano es una de esas decisiones que tienen un gran impacto».

Ahora bien, esta es la pregunta del millón que debes hacerte. Es una pregunta que Don me hizo, y estoy seguro de que el entrenador Wooden se la hizo a él varias veces en los 12 años que trabajaron juntos: ¿en qué cambia este modelo de grandeza cuando hablamos de los deportes, los negocios, las relaciones o la vida? La respuesta obvia es que no cambia.

Piénsalo: un libro exitoso (y espero que este lo sea) necesita de los editores correctos, la editorial correcta, los publicistas correctos, los diseñadores correctos y el equipo de apoyo correcto; todos ellos te ayudarán a mejorar y ninguno te hará perder tu tiempo. Sin excelencia en estas áreas, es imposible tener un libro exitoso. Don ha llegado a ser autor *bestseller* del *New York Times* en siete ocasiones. Según él, hay menos de 50 personas en el mundo que lo han logrado. Pero él no lo hizo solo, lo hizo con ayuda de su equipo.

Ese consejo fue transformativo para Don —después de colaborar con el entrenador Wooden, Don se enfocó en dedicarse a ser mentor, en la grandeza y en el concepto de cadena de favores—, y también lo fue para mí, aunque de una manera un poco diferente. Ya había escuchado que eres el promedio de las cinco personas con las que más tiempo pasas, para bien o mal; pero ese consejo estaba relacionado con la felicidad y la mejora personal. Nunca había escuchado que se aplicara a los equipos, el éxito y la grandeza. Entonces Don me sorprendió con otra cita de John Wooden: «Muéstrame a tus amigos y te mostraré tu futuro».

Eso hizo que me quedara claro el propósito de la Escuela de la Grandeza. Piensa en Rich Roll y su esposa, Julia Piatt, quien fue la responsable de comprarle la bicicleta que le cambió la vida. Ella fue el catalizador y la inspiración para que él regresara a hacer ejercicio y cambiara su estilo de vida. O en Kyle Maynard y Shawn Johnson, cuyos padres apoyaron y favorecieron sus pasiones, desde el futbol americano y la lucha grecorromana hasta el *ballet* y la gimnasia. O en Ángel Martínez y sus tíos, que le dieron la oportunidad de perseguir el sueño americano.

Cada uno de estos grandiosos hombres y mujeres tuvieron amigos y familiares que los empujaron a ser mejores, que se aseguraron de que en su futuro pudieran cambiar al mundo. Ten cuidado de las personas que, en cambio, tratarán de detenerte o de hacerte sentir mal por tener ambición. A veces es difícil ser honesto con uno mismo sobre las relaciones cuando se trata de realizar una visión y vivir un sueño. Pero es importante dar un paso atrás de vez en cuando y examinar tu círculo cercano. ¿Te están empujando a ser grandioso? ¿Están apoyándote en tus sueños? Porque eso es lo que hace un equipo ganador, y por eso es tan importante que tengas uno.

ENCUENTRA A LOS MENTORES CORRECTOS

Digamos que eres una de esas personas que tienen que reconstruir su círculo cercano y estás tratando de elegir a la primera persona que sumarás a tu equipo. ¿Quién sería? Es el *coach*. Tu mentor. Tu consejero. Tu figura paterna. Su trabajo en tu camino es literalmente invaluable.

El escritor Denis Waitley tiene una analogía perfecta que me gustaría tomar prestada y parafrasearla aquí; es de un artículo llamado «El campeón interior», que compartió en su popular *newsletter*.

Él usa un ejemplo que relaciona mentores y nuevas tecnologías militares. Un sistema de misiles que se usó por primera vez en la guerra del Golfo, en 1991, resultó revolucionario, pues podía autocorregir su trayectoria para asegurarse de tener su objetivo al alcance. Del mismo modo, como dice Denis: «Una persona motivada, cuando ha encontrado una meta que vale la pena, utiliza a un *coach* o mentor de la misma manera en que un misil utiliza un sistema de autocorrección de trayectoria: para ayudarse a navegar en terrenos complicados, inciertos y siempre cambiantes».

Sin el mentor correcto, somos como un misil que emprende su camino a la grandeza sin ninguna guía. Con un poco de suerte llegaremos a donde queremos ir, pero eso solo sucederá si todo sale de acuerdo con el plan. La vida nunca suele ser así, en especial cuando estamos tratando de hacer algo diferente, algo más. Lo que necesitamos es a alguien que no solo pueda ayudarnos a elegir nuestro rumbo original, sino también a corregirlo, y que nos guíe cuando inevitablemente aparezcan problemas y adversidades.

Esto nos trae de regreso a Scooter. Su primer mentor fue Jermaine Dupri, un productor de discos, autor de canciones y rapero exitoso al que conoció cuando era promotor de fiestas y con quien terminó trabajando. Dupri le enseñó todo sobre el negocio de la música y cómo trabajar con artistas, pero Scooter no se detuvo ahí. «A veces las personas dicen que tienen un mentor. Yo nunca tuve solo uno», me confesó. «Si hubiera tenido un mentor, habría sido mi padre, pero tengo muchos otros: personas como Jeffrey Katzenberg y Lucian Grainge, director de Universal Music Group. Somos muy cercanos y ha sido un gran mentor y amigo. David Geffen se convirtió también en uno muy importante. Estaré siempre agradecido con esas personas porque me permitieron tomar algo de ellas».

Cuando Scooter contactó a Justin Bieber y trazó un camino para su carrera, esas fueron las ideas que lo guiaron. Sin los amigos correctos, sin la guía correcta, sin el equipo correcto (junto con su trabajo duro y su talento), no habría habido forma de que Bieber alcanzara el éxito. Somos tan influenciables por la gente con la que pasamos tiempo que no podemos dejarlo a la suerte. Ser selectivos con nuestros mentores, amigos y parejas será uno de los factores más importantes en nuestro camino a la grandeza.

Es fundamental, y me atrevería a decir que es absolutamente necesario, que encuentres a los entrenadores correctos para ti si quieres alcanzar la grandeza en algún área de tu vida. ¿Puedes tener éxito sin ellos? Claro. Pero todos los grandes atletas en el mundo tienen entrenadores, incluso cuando están en la cima de su juego. Michael Jordan sumó esos nuevos movimientos en sus periodos fuera de temporada y ganó todos esos campeonatos con Phil Jackson en la banca. Es importante encontrar *coaches* que te inspiren, pero también que te hablen con franqueza. A los que puedas admirar y cuya guía te tomes en serio. Con los que puedas comprometerte y a quienes les demuestres que estás dispuesto a entrar en acción para alcanzar tu propia grandeza.

EL PODER DE LA ENERGÍA POSITIVA

«He logrado que haya personas grandiosas en mi vida y rodearme de gente que, creo, tiene habilidades que yo no tengo; juntos hemos creado un gran negocio porque se encargan de hacer que las cosas sucedan», me dijo Scooter. Es algo que también les enseña a sus artistas: no pueden hacerlos solos. No pueden ser exitosos aislados. Pero Scooter busca algo más que talento e inteligencia: positividad.

«Creo con firmeza que es más importante rodearte de energía positiva que de las personas más inteligentes. Por suerte, en mi opinión, he podido contar con algunas de las personas más inteligentes que son también positivas». Yo también me he dado cuenta de eso en mi trabajo. Prefiero trabajar con alguien con mucho corazón que trabaje duro, que con la persona más talentosa que se cree merecedora de todo y es hasta egoísta.

Esto es lo complicado del talento en un equipo: hay un equilibrio difícil entre la positividad del corazón y del trabajo duro y la negatividad que puede aparecer debido a la competencia que surge de manera natural en los equipos. Las personas inteligentes y talentosas quieren lograr cosas. Quieren alcanzar el potencial que tanta gente, incluyendo quien los contrató, ve en ellas. La clave es enseñarles, con el ejemplo, que todos ganan cuando el equipo gana. Si permites que el ego se interponga, la energía positiva que se podría controlar y canalizar hacia afuera, en la competencia o en el mercado, se transformará en energía negativa y se redirigirá hacia adentro, hacia el propio grupo. Tu equipo terminará compitiendo entre sí, o peor, contra ti y contra la visión que creaste para ti y tu negocio. Definir exactamente qué es el éxito representa buena parte del trabajo necesario para convertir los instintos competitivos y naturales de personas inteligentes, talentosas y ambiciosas en energía de apoyo positiva, en vez de en energía negativa, destructiva y egoísta.

Esto también lo vemos en los deportes cuando un equipo de jugadores «promedio» es capaz de derrotar a un equipo de estrellas si todos los integrantes trabajan juntos, son positivos y siguen el plan de juego. Ganan pasándose el balón y trabajando dentro de un sistema, sin que cada uno de ellos trate de hacer demasiado por su cuenta. Entienden que cada uno tiene un rol y lo siguen. Si cada quien hace su trabajo y no trata de ganar el juego solo, entonces tendrán la oportunidad de ganar. Después de todo, no puede haber un *grand slam* sin una base de jugadores.

«Aprendí esta lección por las malas», me confesó Scooter. «Antes había negatividad en mi vida, y empiezas a cuestionarte a ti mismo, porque la negatividad se proyecta en ti. Te ves al espejo y te preguntas: "¿Realmente soy una buena persona? ¿Estoy haciendo lo correcto?". Ese no eres tú, son sus porquerías alimentándose de ti». Debes tener energía positiva para crear una química ganadora, así de simple.

Me recuerda mucho a una cita de Edmund Lee, quien anima a la gente a «rodearse de soñadores, trabajadores, creyentes y pensadores, pero más importante aún es rodearse de gente que vea la grandeza en ti, aun cuando tú no la veas».

Más allá de rodearte de gente positiva, también es importante que construyas una red de este tipo de personas. Durante su ascenso, en el que pasó de formar parte de una familia rota a ser gobernador de Arkansas y después presidente, Bill Clinton creó una red de unas 10 mil tarjetas físicas con nombres, direcciones e historial de relación con compañeros, profesores, amigos, abogados, donantes, simpatizantes, reporteros y personas influyentes; buscaba relaciones que pudiera cultivar y a las que fuera capaz de recurrir cuando lo necesitara. Se convirtió en mucho más que un conector —por usar el término que acuñó Malcolm Gladwell, cuyos consejos traté de emular en LinkedIn—, se convirtió en un *superconector*. Trabajó todos los espacios, se congració con cada persona influyente y encandiló a cada invitado. Al final digitalizó ese archivo y lo sigue usando hoy en día en su trabajo con la Fundación Clinton. Él es la prueba viviente de que, como dice mi amigo y experto en conexiones Porter Gale, «tu red determina tu valor».

JUNTÁNDOLO TODO

Sin embargo, no todos los equipos talentosos y positivos ganan, como sabemos. Para llegar a la grandeza hace falta algo más que eso. Se requiere estrategia y liderazgo. Eso fue algo que también le pregunté a Scooter: ¿cómo logras que tu equipo se entregue al máximo?

«Tienes que darte cuenta de que la única forma de crecer es delegando el poder a los demás», me explicó. «Tienes que poder decir: "¿Sabes qué? No lo harán como yo lo haría, pero lo harán como ellos lo harían"». Tienes que aceptar que a la larga algunas personas serán mejores que tú en ciertas cosas. Eso no debería ser una amenaza, ¿no es esa la razón por la que los contactaste? En todos los equipos hay fricción. A veces hay jugadores de la banca que consiguen un lugar como titular (lo que significa que mandaron a otra persona a la banca); en los negocios, con las nuevas contrataciones, cuando la gente vaya obteniendo aumentos de sueldo o sea promocionada, siempre habrá competición y saldrán a relucir los egos.

Una parte fundamental de cualquier equipo ganador es ser transparente desde un inicio acerca de la importancia de la comunicación y de aclarar cualquier malentendido que surja para que la gente no se sienta frustrada. Este proceso de «aclaración», o de comunicación abierta, permitirá que el equipo avance en situaciones estresantes en vez de implosionar o colapsar.

Scooter me planteó esta analogía después de un juego de basquetbol que disfrutamos juntos. «Es como cuando jugamos basquetbol. A veces haces un gran pase, pero tu compañero falla un tiro fácil. Te sientes frustrado, porque era una asistencia que podrías haber anotado en tu registro estadístico. Pero al final del día lo importante no son tus estadísticas, sino ganar el juego». La clave, incluso si ese *layup* fallido marcó la diferencia entre ganar y perder, es comunicarte con tu compañero sobre lo que pasó. Como ya lo vimos en el capítulo 6, vas a tener que dejar de ser reactivo y hablar sobre lo que salió bien y lo que salió mal para que al día siguiente puedan hacerlo mejor juntos. Después de todo, y como me recordó Scooter: «No puedes ganar el juego solo».

Jack Welch, exdirector y expresidente de General Electric, sabe mucho sobre construir un equipo ganador y ha escrito cosas sobre ese asunto que también aplican al tema del que hablaba Scooter. En un artículo para *Newsweek* de hace un par de años, él y su esposa, Suzy Welch, escribieron: «En primer lugar, los líderes de los equipos ganadores siempre —siempre— les dicen a sus compañeros en qué punto están... En segundo lugar, los equipos ganadores siempre conocen el plan de juego». Es tu trabajo, al crear un equipo, decirles lo que es importante y crear un plan que puedan seguir. El plan no debe centrarse en ti. Se trata, en cambio, de que dentro de él todos tengan un rol y de que ese rol esté diseñado para que todos puedan desarrollarse. Eso es algo que Scooter ha hecho muy bien.

EN EL EQUIPO, NO SOLO IMPORTA EL NEGOCIO

Hay una última cosa de la que creo que vale la pena hablar aquí, sobre todo porque el protegido estrella de Scooter ha tenido muchos problemas en varios momentos de su vida. Han arrestado a

Justin Bieber por manejar bajo los efectos del alcohol y participar en arrancones en Miami, lo detuvieron por lanzar huevos a la casa de un vecino en California, lo demandaron por golpear al chofer de una limusina en Toronto, grafiteó un cuarto de hotel en Brasil y se saltó los controles de aduana y de pasaporte en Turquía. Pero Scooter siempre estuvo a su lado. Quizá porque sabe que los jóvenes, sobre todo si son famosos, hacen cosas tontas. Pero creo que hay otra razón. Scooter no ve lo que hace solo como un negocio. Sus clientes y empleados son su familia. Y la familia lo es todo.

Me di cuenta de eso cuando vi algo escrito en la muñeca de Scooter. Era un tatuaje de una sola palabra: *familia*. Cuando le pregunté sobre su familia, sus ojos se iluminaron. Sus abuelos sobrevivieron al Holocausto, su hermano Adam (a quien conoceremos en el siguiente capítulo) es una persona asombrosa que hace cosas increíbles. ¿Y sus padres? Casualmente, el día en que lo entrevisté para mi pódcast era el 35 aniversario de bodas de sus padres.

> Tener unos padres que en verdad se aman y que son buenos uno con el otro, experimentar eso desde niño y tener ese amor todo el tiempo, hizo que siempre me sintiera pleno. Siempre me sentí seguro.

Aun así, al final de su adolescencia y hasta que tuvo algo más de 20 años, Scooter perdió de vista ese amor. Lo seguía apreciando por lo que era, pero no por el rol que tenía en su vida.

«Estaba perdido, y quería dinero porque no entendía nada. Me enfoqué en el dinero. Hasta que me di cuenta de que lo hacía por esto», me dijo mientras señalaba su tatuaje. Es interesante que habló por mucho tiempo sobre el tatuaje antes de hacérselo. ¿Qué fue lo que por fin hizo que lo convirtiera en realidad?

Un día antes de tatuarse, Jay Williams, un *point guard* All-American de la Universidad de Duke que fue elegido en segundo lugar por los Chicago Bulls en la selección de la NBA de 2002, tuvo un accidente de motocicleta que terminó con su carrera profesional. «Jay es uno de mis amigos más cercanos», me dijo Scooter. «Un par de semanas antes había decidido no hacerme un tatuaje por cobardía, pero cuando me enteré de lo que le pasó, supe que no podía darlo por sentado ya».

Además, su madre se enfermó en ese tiempo —por suerte, ahora está bien—, y por eso es comprensible lo importante y significativo que es ese tatuaje para Scooter. «Por el resto de mis días la gente me preguntará por este tatuaje y tendré que contar la historia de por qué me lo hice, que no es nada complicada, pero me recordará lo que realmente es importante».

Pero ¿cómo pueden ser lo mismo el trabajo y la familia? Como decía Don Yaeger, no puedes despedir a alguien de tu familia. Tal vez no sea una analogía perfecta, pero es importante. Cuando empecé mi compañía y contraté a personas, pensaba que estaban ahí para trabajar *para mí*. Eso casi siempre terminaba mal, porque me preparaba a mí mismo y a ellos para perder. Desde entonces he aprendido que en realidad estoy al servicio de mi equipo y de los demás. Igual que tú con tu familia, se trata de dar y recibir, de tenerse respeto mutuo y, al final, de gratitud y amor.

Después de aprender de los grandes equipos de Scooter y Don Yaeger, trato de pensar en esto: ¿cómo puedo servir a mi equipo y prepararlos para la victoria tanto como sea posible? Esto no quiere decir que deba tomarlos de la mano a diario o consentirlos; simplemente me aseguro de estar ahí, dispuesto a escucharlos si alguien necesita hablar, y de que tengan lo necesario para triunfar en su posición y rol asignado.

Juntos ganamos *como equipo*. No gano solo yo y ellos no solo reciben un pago; somos un equipo ganador que trata de alcanzar —y alcanza— la grandeza.

EJERCICIO #1:

HAZ UN INVENTARIO DE TUS RELACIONES

No siempre es fácil encontrar a personas de calidad para tu equipo. Antes de hallar a las correctas, quizá pases por unas cuantas relaciones decepcionantes, pero no te conformes con menos. Si dejas que algunas experiencias difíciles te convenzan de hacerlo solo, perderás eficacia. Pienso en la lesión que terminó con mi carrera y, aunque en esa época tuve muchos mentores, atribuyo mi transición al mundo de los negocios a un hombre en específico con el que siempre estaré agradecido, Chris Hawker. Chris era un inventor exitoso y pudo haberme ignorado cuando, entusiasmado, le pedí trabajar con él. En cambio, yo le mostré el valor que podía aportar, y él me acogió y compartió su sabiduría y experiencia conmigo. Compara a las personas que más admiras y a las personas con las que más tiempo pasas. Si estas listas son radicalmente diferentes, arréglalo. Contacta a tus ídolos y mentores e involúcralos en tu viaje. Distánciate de las personas con las que pasas mucho tiempo pero que no te ayudan en tu camino a la grandeza.

Para descubrir si alguien te está ayudando o deteniendo, hazte estas preguntas:

1. ¿Me siento energizado o estresado cuando estoy cerca de esta persona o pienso en ella?

2. ¿Esta persona me inspira o tiene una mentalidad negativa conmigo?
3. ¿Esta persona busca la grandeza en su vida o es víctima de las circunstancias?
4. ¿Se emociona por mis éxitos y quiere verme triunfar o se queja de su vida cuando consigo mis sueños?

Si tus respuestas fueron en su mayoría positivas, entonces, ¡suena a que esta persona es un gran miembro de tu equipo! Pero si agota tu energía, quizá sea momento de tener una «conversación clarificadora» para decirle lo que opinas de su relación. Cuando hables con ella, hazlo con cariño y no la culpes por nada. Después explícale cómo te gustaría que fuera su relación de ese momento en adelante y lo que esperas de ella en el futuro.

EJEMPLOS DE CONVERSACIONES CLARIFICADORAS

Hola, amigo/colega. Aprecio el tiempo que pasamos juntos. He creado una nueva visión para mi vida y quiero ser más positivo. Siento que las conversaciones que tenemos son negativas y poco productivas, y asumo mi responsabilidad, pero quiero saber si estás dispuesto a trabajar en esto conmigo.

Hola, papá/esposa/amigo. Te quiero y te aprecio. He decidido que quiero trabajar para alcanzar mis metas, y para eso necesito eliminar el estrés de mi vida. Quiero enfocar mi energía en cosas que agradezco y no quejarme por lo que no tengo. ¿Puedes apoyarme y ayudarme a mantener mi palabra?

La mayoría de las relaciones no funcionan porque la gente no comunica con claridad y de una forma cariñosa lo que quiere. Por lo general se trata de un ataque, y eso nunca soluciona nada. No tienes que decirles que no te están apoyando, simplemente darles la opción de hacerlo como lo necesitas. Este es el camino que reduce la confrontación y, si eres como yo, querrás aclarar las cosas con tus amigos, compañeros y familia de la forma más directa pero menos agresiva posible.

> Hola, mamá/compañero/amiga. Quiero empezar diciendo que te aprecio, y quiero pedirte que…

> Hola, novio/novia/pareja. Me importa tu visión, pero siento que estás saliéndote de tu camino y me estás desviando del mío al… Vamos a comprometernos a…

Si la relación no cambia en el periodo específico que estableciste con la persona con la que estás aclarando las cosas y tienes que repetir esta petición más de una vez, es señal de que lo mejor es distanciarte de ella y empezar a rodearte de personas más positivas en tu círculo cercano.

Traten de entrar en acción juntos, pero, si necesitas tomar medidas drásticas, aquí es donde entra el poder del «no». Hace falta mucha fuerza para sacar a alguien de tu vida o alejarse de su energía negativa. Entiende que no hay nada más importante que tu bienestar emocional. Si te agotas, te alejarás de la grandeza. Este ejercicio cambiará tu situación.

EJERCICIO #2:

ÚNETE A UN *MASTERMIND* O CREA UNO

Un *mastermind* es un grupo de individuos influyentes que te apoyarán para llevar tu vida o negocio al siguiente nivel. En la mente colectiva del grupo encontrarás apoyo, información y recursos que te servirán en tu camino. Y lograrás tus metas mucho más rápido que si intentas hacerlo solo.

Acababa de crear mi negocio cuando me uní a mi primer *mastermind* con un grupo de marketing digital. Básicamente fue una reunión de dos días en la que nos sentamos alrededor de una mesa con otros 15 profesionales del marketing digital, compartimos nuestras mejores prácticas, ideas, y nos ayudamos a alcanzar nuestras metas específicas. El poder del *mastermind* reside en las personas que lo conforman y las oportunidades que puedes crear en esa red. En esa primera reunión me senté al lado de alguien que en los siguientes tres meses me ayudó a ganar más de 250 mil dólares vendiendo mis productos, siendo mi socio comercial y recomendándome con cinco personas más que también promovieron mi merancía. Esto estimuló todo lo que estábamos haciendo, incrementó nuestras ganancias y nuestro éxito mucho más rápido de lo que hubiéramos podido sin el *mastermind*.

Los *masterminds* fueron el ingrediente clave para que mi negocio pasara tan rápido de seis cifras de ganancia a siete. No lo hubiera logrado de ninguna otra forma. Es fundamental formar parte de al menos un *mastermind* (o más), y te recomiendo encarecidamente que, llegado el momento, también seas el líder y fundador de uno propio.

Napoleon Hill, el legendario autor de *Piense y hágase rico*, describe de gran forma a los *masterminds* como «la coordinación del conocimiento y el esfuerzo de dos o más personas que trabajan para conseguir un propósito común con un espíritu de armonía». En realidad, esa no es solo una descripción de los *masterminds*; es uno de sus principios fundamentales para conseguir el éxito. Para mí, el hecho de que estos dos conceptos, los *masterminds* y ser exitoso, se traslapen no es una coincidencia.

Si aún no estás convencido, o si alguien te ha dado una mala impresión sobre los *masterminds*, permíteme que te aclare las cosas. Esto es lo que los *masterminds* son o pueden ser.

- Equipos de personas influyentes en tu comunidad que se conectan con un propósito común.
- Un catalizador para los negocios y el crecimiento personal.
- Un espacio para establecer metas y rendir cuentas ante los demás.
- Un lugar para compartir consejos.
- Un grupo de apoyo, aprendizaje y lluvia de ideas.
- Confidencial.
- Un compromiso.
- Un grupo de personas que se apoyan unas a otras para crear la vida/el negocio que desean.
- Apoyo para el éxito.
- Un grupo de personas que tienen tu mejor interés en mente.

Esto es lo que los *masterminds* no son ni deberían ser.

- Terapia grupal.

Los *masterminds* tienen por objeto ayudarte a alcanzar tu principal propósito en la vida gracias a la sabiduría, y utilizando la educación, la experiencia y la influencia de otras personas que están comprometidas con tu éxito. Cuando funcionan bien, los *masterminds* pueden ser un gran apoyo para conseguir más cosas en los primeros seis o doce meses de lo que lograrías en tu vida entera trabajando solo.

Hay dos componentes esenciales en los grupos de *masterminds* existosos: tener la actitud correcta y tener a los miembros correctos. Es posible que solo esté presente uno de estos componentes y el grupo esté bien, pero eso no nos interesa. No nos interesa estar bien, este libro no se llama *La Escuela de Estar Bien*. Se trata de alcanzar la grandeza, así que esto es a lo aspiramos: un *mastermind* grandioso, con una actitud grandiosa y miembros grandiosos.

La actitud adecuada para un *mastermind* es la siguiente. Tú eres:

- Amigable y cooperativo.
- No competitivo.
- Creativo y dispuesto a compartir ideas/soluciones para los negocios de los demás.
- Un apoyo para los demás, absolutamente honesto, respetuoso y compasivo.
- Nunca indiferente, en ningún momento.

Piensa en tu *mastermind* como el equipo de basquetbol de tus sueños. Es un grupo de iguales donde todos tienen talentos, aunque estos sean diversos, y se apoyan para alcanzar el éxito. Por eso, es importante que selecciones a los miembros en tu *mastermind*. Deberían tener:

- Un fuerte compromiso con el grupo.
- Experiencia y éxito similares.
- Un acuerdo acerca de las actitudes del grupo.
- Un convenio sobre de las directrices básicas, que deben estar por escrito y ser creadas por y para el grupo.
- La capacidad de dar y aceptar consejos, apoyo y recursos.

Por último, tu *mastermind* debería empezar con cuatro o seis personas (con un máximo de 15) y un acuerdo sencillo (no más de una página) con el que todos se comprometan y que incluya:

- El nombre del grupo.
- Cómo van a comunicarse (en persona, por Skype, GoToMeeting, Google Hangouts o por teléfono).
- Cuánto tiempo durarán sus reuniones (una o dos horas es el mínimo recomendado, pero podrían extenderse hasta dos o tres días).
- Qué tan seguido se reunirán (una vez a la semana, al mes, al trimestre, etcétera).
- Cuándo se reunirán.
- La agenda para sus reuniones.

Entiende todo esto sobre los *mastermind* y sigue este proceso con un propósito; estarás en el camino para construir un equipo ganador para tu trabajo y tu vida personal. Para más información y *masterminds* a los que puedes unirte, entra a schoolofgreatness.com/resources.

EJERCICIO #3:

LAS TRES LISTAS PARA LA LIBERTAD

Aprendí este ejercicio de mi amigo y «CEO virtual» Chris Ducker. Chris es el autor de *Virtual Freedom,* un libro que les enseña a las personas a trabajar con un equipo virtual de manera que tengan más tiempo para sí mismos y a la vez sean más productivos. Esto fue diseñado especialmente para los empresarios, pero puede ser adaptado a cualquier ámbito. Cambiará la forma en la que manejas tu trabajo y tu vida.

Ve por una pluma y una hoja, y crea tres columnas con estos títulos:

- Cosas que no me gusta hacer.
- Cosas que no sé hacer.
- Cosas que no debería hacer.

Ahora enlista cosas de tu vida personal o laboral que entren en estas categorías.

LAS COSAS QUE NO TE GUSTA HACER

Estas son las cosas que procastinas durante todo el día, como responder los mensajes de tus redes sociales, ver tu correo, llevar la contabilidad, etc. La vida y tu negocio exigen que las hagas, así que es tu trabajo encontrar a alguien a quien delegarlas o buscar un sistema que te permita ser más eficiente.

LAS COSAS QUE NO SABES HACER

Muchas personas, en especial los empresarios, sienten que deben hacer una gran cantidad de cosas ellos mismos. El problema es que hay bastantes que no podrías hacer aunque quisieras. Amo el diseño y jugar a diseñar en mi computadora, pero soy el peor utilizando programas de diseño y diseñando. Tras un par de horas de intenso trabajo, ¡lo mejor que logro dibujar es un gato feo hecho de palitos y bolitas! Que algo te interese o que sea más barato si lo haces tú no quiere decir que estés calificado para hacerlo, sobre todo cuando necesitas resultados excelentes. De hecho, tu falta de experiencia y habilidades puede provocar que encargarte tú mismo sea más caro que contratar a un profesional, ya que te quitará un tiempo que podrías aprovechar para hacer negocios de alto nivel y para realizar las actividades diarias en las que sí eres bueno.

LAS COSAS QUE NO DEBERÍAS HACER

En mi negocio, estoy capacitado para hacer una gran variedad de cosas de las que en realidad no debería encargarme, aunque haya algunas que me gusta hacer. Es la consecuencia natural de ganar una cantidad de dinero de cinco cifras por dar discursos o como consultor, tareas que solo me toman un par de horas. Esto quiere decir que no debería pasar 15 minutos pensando qué publicar en redes sociales o encargándome de la atención al cliente. Puede que sea bueno en esas cosas o me guste hacerlas, pero son un desperdicio de tiempo, literalmente.

Chris Ducker sigue haciendo estas listas cada 90 días porque, según dice, a veces regresamos a estos malos hábitos por necesidad o porque estamos muy ocupados con nuestra vida. Te recomiendo que tú también las hagas seguido para ver qué tareas puedes enlistar y empieces a delegarlas en otros.

NO ME GUSTA HACER	NO SÉ HACER	NO DEBERÍA HACER
REVISAR MI CORREO	DISEÑO GRÁFICO	PUBLICAR EN REDES SOCIALES
GESTIONAR MI AGENDA	DESARROLLAR UN SITIO WEB	ENCARGARME DE LA ATENCIÓN AL CLIENTE
TRAMITAR SOLICITUDES BÁSICAS	EDITAR EPISODIOS DE MI PÓDCAST	LLEVAR EL BLOG DE LA COMPAÑÍA
PREPARAR UN VIAJE	ADMINISTRACIÓN Y CONTABILIDAD	IR POR MI ROPA A LA TINTORERÍA

Este esquema se convierte en el mapa de carreteras para trabajar con tu equipo. Estas listas marcan los trabajos en los que no están bien invertidos ni tu tiempo ni las habilidades con las que podrías tener un mayor impacto o que te acercarían a tu visión. Te dicen cuál es la mejor manera de organizar a tu equipo o estructura de apoyo.

Cuando empecé mi negocio, trabajaba 15 horas al día porque hacía estas tareas solo. No era muy bueno en muchas de ellas, y por eso me tomaban incluso más tiempo. Cuando cambié mi mentalidad y dejé que otras personas me apoyaran y se unieran a mi equipo, el estrés desapareció, la productividad subió y yo pude enfocarme en lo que amo hacer, en vez de en cosas que no necesitaba hacer. Mi vida parecía más cohesionada y fluida. Desde ese momento siento que vivo un mundo de ensueño, ¡y pueden lograrlo todos los que se comprometan a hacer que suceda!

Toma en cuenta que este ejercicio no es solo para emprendedores o personas de negocios; también funciona en tu vida personal. Odio ir de compras y me canso después de pasar 30 minutos en una plaza comercial, me cuesta trabajo cocinar (me gusta hacerlo, pero lo que cocino casi nunca sabe tan bien como debería) y no tendría que arreglar mi jardín ni encargarme de la limpieza integral de mi casa. Basándome en el tiempo que dedico a mi negocio y a ganar dinero dando conferencias, como *coach* o consultor, es mejor que invierta mi tiempo en cosas en las que soy grandioso y que contrate a otras personas para mi equipo que me apoyen con estas listas.

Piensa en todas las tareas de tu vida personal que pondrías en esta lista. Aunque no creas que puedas permitirte contratar a alguien o tercerizar algunas de estas actividades, ponlas en la lista de todos modos. Todos los días surgen nuevas *apps* o herramientas que ayudan a resolver estos problemas y ofrecen soporte a bajo costo.

EJERCICIO #4:

LA MÁTRIX DE LA PERSONALIDAD

La Mátrix de la Personalidad es un procedimiento que puedes aplicar no solo para descubrir quién eres, sino también para saber con quién interactuas a diario. Imagina saber qué decirle exactamente a alguien —un compañero de equipo, un miembro de tu familia, un inversionista o un cliente—, y todo por conocer su tipo de personalidad. Imagina conectar con ellos de una forma inmediata, una que ellos entienden y con la que se identifican. Hay muchos tests de personalidad en línea y diferentes maneras de analizarlos, pero yo supe de este procedimiento en particular gracias a Chris Lee y me ha llevado a muchos éxitos. La Mátrix de la Personalidad divide a las personas en cuatro tipos de personalidad: promotores, analistas, controladores y ayudadores.

EL PROMOTOR (OPUESTO AL ANALISTA)

El don de un promotor es la habilidad de aportar grandes ideas y contribuir a ejecutarlas. Su principal punto débil es completar proyectos. Son el alma de la fiesta y tienen mucha pasión, pero, debido a su talón de Aquiles, suelen romper su palabra y sentirse sobrepasados.

Si te encuentras a ti mismo en la posición de tratar de venderle algo a un promotor o de convencerlo de una idea tuya, hay una buena forma de hacerlo: sé entusiasta. Muéstrate apasionado. Háblale de tu experiencia y de lo bien que lo hará sentirse.

Los promotores están impulsados por las relaciones, lo fundamental es la diversión y la energía.

EL ANALISTA (OPUESTO AL PROMOTOR)

El don de un analista es ser minucioso, disciplinado, sistemático, estructurado, organizado y amar los procesos.

Si estás tratando con un analista, debes saber todo sobre el proyecto en el que estás trabajando, hasta el detalle más pequeño.

Los analistas cumplen con su palabra. Si dicen que harán algo, puedes darlo por hecho. Les falta pasión y espontaneidad, y puede parecer que apenas si están vivos. Los analistas son visuales y lógicos. Son formales en su forma de vestir y en la energía que desprenden.

EL CONTROLADOR (OPUESTO AL AYUDADOR)

El don de un controlador es hacer que las cosas sucedan. Son resueltos y decididos, están seguros de sí mismos y enfocados, y tienen metas específicas.

Cuando quieras convencer a un controlador, será mejor que vayas bien vestido y transmitas seguridad. Muéstrate de acuerdo con lo que digan y lidera la conversación de tal manera que sientan que la idea fue suya. Halaga su ego. Conecta con ellos en su nivel.

Los controladores pueden parecer insensibles, malos, indiferentes e inflexibles, y lo pagan caro en sus relaciones personales y de negocios. Un controlador es dominante y formal, y tú debes presentarte ante ellos de la misma manera.

EL AYUDADOR (OPUESTO AL CONTROLADOR)

El don de un ayudador es ser generoso con las emociones, el cariño, el reconocimiento y el respeto.

Para convencer a un ayudador son importantes las emociones. No hables solo de los beneficios que obtendrán los clientes o los usuarios, sino de que los que todos podrían recibir gracias a las acciones o decisiones que le estás proponiendo.

A veces da la impresión de que los ayudadores se dejan pisotear. No se defienden enseguida y puede parecer que estás aprovechándote de ellos. Para evitarlo, debes darles retroalimentación positiva, algo a lo que responden de una manera abrumadora.

¿Cuál es tu tipo de personalidad? ¿Cuál es tu personalidad dominante y cuál la secundaria? Ser un líder en las relaciones requiere la habilidad de acceder a cada una de estas personalidades y ser flexible con ellas en un momento dado. Si puedes igualar o complementar la energía de los que te rodean, podrás entenderlos mejor y ellos a su vez se sentirán más apreciados. Y, lo que es más importante aún, ser un miembro productivo y exitoso de un buen equipo exige que no te inclines demasiado en una sola dirección.

¿Eres analista? ¡Sé extravagante!

¿Controlador? Sé vulnerable.

¿Promotor? Mantén tu palabra.

¿Ayudador? Recuérdate que importas.

CONSEJO DE ENTRENAMIENTO

Estamos juntos en esto, y es momento de empezar a vivir en un mundo en el que aceptes esta idea. La vida fluye cuando encuentras un equipo en el que encajas, así que empieza a buscar a tus jugadores All-Star. La forma de conseguirlo es convirtiéndote en All-Star tú primero. ¡Trabaja, mejora tu actitud, esfuérzate y pule tus habilidades para que todos quieran que tú seas titular en su equipo! Cuando te conviertes en un activo valioso para el mundo, el mundo empieza a concederte aquello con lo que sueñas. Así de sencillo.

La gente importa, y si estás solo no podrás lograr nada grandioso. Asegúrate de que los demás sepan lo mucho que te importan y cuánto te preocupas por ellos. Como dicen por ahí: «A la gente no le importa cuánto sabes, hasta que saben que te importan». Esto es cierto en la familia, los deportes, los negocios y cualquier área de la vida. Sigue rodeándote de gente positiva a la que le importes y busca la forma de que todos ganen en tus relaciones. Las relaciones son la clave del éxito, y es momento de que empieces a invertir en las tuyas.

ATERRIZANDO

Durante muchos años creí que en los deportes, los negocios y la vida tenía que haber un ganador y un perdedor. Estaba obsesionado con el marcador y con que mi equipo y yo tuviéramos más puntos que nuestros oponentes, tanto que tardé mucho tiempo en entender el significado de una vida plena: tener relaciones en las que todos ganen. Nunca pensé en qué ocurre cuando «ganas». ¿Qué viene después? ¿Tienes que seguir ganando, acumulando potencia y construyendo un imperio de éxito, aunque seas el ganador más solitario del mundo? ¿O una vida grandiosa consiste en algo más?

Poco a poco, hubo varios momentos en mi vida que me ayudaron a entender el valor de retribuir cuando recibes y de estar al servicio de los demás. Esta es la lección más importante hasta ahora. Es importante ganar dinero, satisfacer tus necesidades, alcanzar tu visión y realizar tus sueños. Sin embargo, si no buscas otras maneras de mejorar las vidas de las personas que están a tu alrededor —tu familia, tu comunidad, tu ambiente y el mundo—, entonces, ¿qué sentido tiene todo lo que haces? En este capítulo analizaremos el valor de corresponder a lo que recibes. No se trata de verte bien o de hacerlo porque crees que es tu deber. Quiero que realmente entiendas por qué es importante ayudar a los demás, porque fue necesario un ejército de personas para convertirte en la persona que eres hoy.

8

VIVE UNA VIDA DE SERVICIO

Una familia. Dos hijos. Dos caminos diferentes a la grandeza.

Del primer hijo, Scooter, aprendimos cómo construir un equipo ganador, pero es del segundo hijo, Adam, de quien aprendí una de las lecciones más importantes de todas.

Conocí a Adam Braun en un congreso de Summit Series llamado Summit at Sea («Cumbre en el Mar»), una especie de curso de verano para personas que quieren cambiar el mundo. Cuando ves a Adam por primera vez, parece una persona común y corriente, no un atleta superhumano ni un emprendedor de alto vuelo como otras personas de las que hemos hablado en este libro. Tampoco tiene un estilo de estrella del rock o de Hollywood como su hermano. Se educó en una universidad de la Ivy League, pero nadie lo consideraría un genio intimidante. Es un tipo normal con un corazón enorme, cuyo lucrativo trabajo en una empresa de consultoría lo dejaba insatisfecho y vacío. Al igual que Adam, yo también había ganado un poco de dinero y muchos dirían que saboreaba las mieles del éxito. Y, como me ocurrió a mí al convertirme en All-American en el decatlón, él también necesitaba encontrar un propósito más importante, una causa o un camino que seguir.

Desde el día en que nos conocimos me sentí muy identificado con su historia, no solo por el sentimiento de insatisfacción, sino por cómo se siente vivir a la sombra de un hermano grandioso que opaca tus propias decisiones. Dado lo importante que fue mi hermano para mí, no es una sorpresa que me descubriera a mí mismo incluyendo en estos capítulos a parejas de hermanos como maestros. Por eso considero que estaba destinado a conocer a Adam —durante un congreso en un barco, nada menos— como encarnación de la valiente decisión de dedicar la vida a ayudar a los demás.

Adam es el fundador de Pencils of Promise, una organización sin fines de lucro que ha construido más de 300 escuelas y cambiado la vida de cientos de miles de niños en todo el mundo. En realidad, espera un momento: a él no le gustaría que diga «sin fines de lucro»; él prefiere «con un propósito». Este propósito es ayudar a niños a estudiar y seguir sus sueños... niños que la mayoría de nosotros fingimos que no existen. Más recientemente, su libro *The Promise of a Pencil*, incluido en la lista de *bestsellers* del *New York Times*, ha provocado que Adam esté en el foco de atención, pero durante los últimos años se ha dedicado a construir una de las organizaciones caritativas enfocadas en la educación más importantes del mundo.

Hubo dos eventos relevantes en la vida de Adam que lo llevaron a tomar su propio camino. El primero ocurrió cuando tenía 17 años y era un prometedor jugador de basquetbol en un equipo de la Amateur Athletic Union. Sus padres tomaron la decisión de acoger a dos jóvenes atletas de Mozambique, Sam y Cornelio. De manera similar a lo que hicieron Leigh Anne y Sean Tuohy por Michael Oher en la historia que Michael Lewis hizo famosa en su libro *The Blind Side,* los padres de Adam quisieron darles a estos chicos la oportunidad de desarrollar todo su potencial y vivir el sueño americano. A Adam, la decisión de sus padres le dio la oportunidad de expandir su definición de familia al añadir a dos personas maravillosas a la suya.

Sam estaba en su último año cuando llegó a vivir con la familia Braun. Se quedó ahí todo el año, se graduó y fue a la Universidad Brown. Cornelio estaba en su segundo año de preparatoria, vivió ahí tres años antes de conseguir una beca completa para estudiar en Georgetown y después se transfirió a la American University, de donde se graduó. Hoy Adam considera a Sam y Cornelio sus hermanos. Uno vive en Los Ángeles y el otro en Washington D. C., pero tratan de celebrar todos los eventos familiares juntos. Sus hijos son sobrinos de Adam.

«No solo cambió la dinámica de nuestra familia, sino también la forma en la que veía el mundo. Me di cuenta de que el camino que habían tomado Sam y Cornelio era el mismo que habían tomado las generaciones anteriores que quisieron tener una vida mejor de la que les ofrecía su lugar de nacimiento. Me abrió los ojos al hecho de que hay muchas culturas y personas afuera de la burbuja que había conocido hasta entonces, cuando vivía en Fairfield, Connecticut, y apenas si conocía Nueva Inglaterra», me contó.

UN VIAJE IMPROBABLE

Este fue el primer paso de Adam en su camino hacia la grandeza. Un paso que lo llevó a tener aspiraciones para su vida muy diferentes de las que se consideran «normales». Como estudiante de segundo año en la Universidad Brown, inspirado por su experiencia familiar y el influyente documental *Baraka*, de 1992, Adam se inscribió en Semester at Sea («Semestre en el Mar», ¿por qué todo en Adam parece relacionado con el mar?), un programa académico que se desarrolla abordo de un enorme crucero y que acoge a estudiantes de todo el mundo, quienes recorren el planeta y visitan varios países durante 100 días. Adam tenía una amiga que había participado en Semester at Sea y que, a su regreso, no podía dejar de alabar la experiencia. En particular, la parada en India fue muy transformativa para ella, y a su vez lo fue para Adam, porque resultó ser una escena de *Baraka* grabada en Varanasi, India, lo que le permitió descubrir lo fascinante que era el potencial del mundo que estaba afuera de su burbuja.

«Consulté el itinerario de Semester at Sea y, al ver que iban a India, pensé: "Es mi oportunidad. Iré a India, iré a Varanasi y veré muchos lugares increíbles por todo el mundo"», me contó Adam. Mientras hablaba, pude notar la determinación en su voz. «A veces hay una voz en tu interior que te obliga a hacerlo. Es tu yo del futuro hablando con tu yo del presente y diciéndole: "Sígueme, este es quien debes ser"».

Por un momento, sin embargo, pareció que el lugar donde debía estar Adam era en el fondo del mar. A 1 300 kilómetros de la costa, poco después de zarpar, una ola gigante de veinte metros golpeó el barco de Semester at Sea; pudo haberlo hundido, y con él a todos sus ocupantes. Su viaje alrededor del mundo casi terminó antes de iniciar. Esta experiencia cercana a la muerte hizo que, mientras viajaba de país a país, Adam adoptara una actitud vulnerable e introspectiva. En esos viajes, semana tras semana, trabajaría, conocería y aprendería de personas que no poseían mucho;

sin embargo, en casi todos los casos, estas personas recibían a los estudiantes con un nivel de felicidad que a Adam le parecía muy infrecuente en la cultura materialista que había dejado hacía unos meses.

Imagino que esto fue lo que lo condujo a las conversaciones que cambiaron su vida por completo: «Todos en Semester at Sea coleccionaban una cosa de cada país: una botella de cerveza o un sombrero chistoso, compraban una playera o tomaban una foto de un peluche cerca de un lugar famoso. Lo que yo hacía era preguntarle a un niño de cada país qué querría si pudiera tener cualquier cosa del mundo».

Cuando Adam me empezó a contar su historia, vi con claridad las implicaciones que tenía en mi vida. Que un joven universitario fuera tan consciente de los demás, que tuviera ese tipo de empatía, fue inspirador. A pesar del enfoque, la perseverancia y el trabajo duro que demostré cuando jugaba en la preparatoria y en la universidad, también fui muy egoísta y egocéntrico. Pensaba sobre todo en mí, en vez de en cómo podía ayudar a quienes me rodeaban; cuando lo recuerdo, estoy seguro de que eso evitó que consiguiera el éxito y la felicidad que estaba buscando. Aunque «lo que hacía» Adam era altruista, su visión del mundo seguía dominada por la burbuja de Connecticut y él quería escapar de ella.

«Esperaba que las respuestas de esos niños fueran similares a lo que yo quería a su edad, cosas como una casa enorme, un auto último modelo y lo mejor en tecnología», admitió Adam, «pero sus respuestas eran muy diferentes».

La respuesta más poderosa se la dio un niño mendigo en las afueras de Agra, una ciudad en el norte de India. Adam le preguntó: «Si pudieras tener cualquier cosa en el mundo, ¿qué sería?». Su respuesta fue simple: «Quiero un lápiz». Eso fue todo. Un palito de madera con un poco de grafito. Como puedes imaginarte, el niño no fue específico acerca de si quería un lápiz número 2 marca Dixon Ticonderoga o un portaminas; estaba dispuesto a aceptar lo que fuera. ¿Por qué? Ese niño quería *aprender,* ir a la escuela, y creía que el lápiz lo llevaría ahí.

Solo con escuchar esa conversación, siento escalofríos de inspiración. Sé lo que estás pensando, que a Adam lo impactó tanto que decidió abandonar todas sus posesiones materiales y dedicarse a cambiar el mundo, ¿verdad? No fue así. Sin duda, dejó una marca imborrable en él, pero su visión era más grande que convertirse en un mártir.

CONVIRTIENDO LA VISIÓN EN REALIDAD

Después de que su semestre llegó a su término, Adam regresó a Estados Unidos, donde hizo lo que muchos en su lugar habrían hecho: consiguió un trabajo corporativo en el que ganaba toneladas de dinero. Se ha convertido casi en un cliché quejarse de que los estudiantes de las universidades de élite terminan trabajando en Wall Street, pero eso fue justo lo que le pasó a Adam.

Se encontró con una oferta para trabajar en Bain, una de las empresas de consultoría más exitosas (y algunos dirían que más despiadadas) del mundo. Y, cuando escuchas la explicación de Adam sobre lo que aprendió, entiendes por qué tomó esta decisión, aparentemente superficial: «Cuando entré a Bain & Company en el área de consultoría, tuve que pasar por un increíble trabajo de capacitación con un grupo de personas brillantes; pude ver cómo funcionaba una de las compañías de la lista *Fortune 500* y experimenté cómo se dirigían los mejores negocios del mundo e incluso se perfeccionaban».

¿Lo entiendes ahora? Sí, ese momento en las calles de India cambió a Adam, pero él sabía que, aparte de darle un lápiz a ese niño, no había mucho más que pudiera hacer por él que fuera un cambio real. Adam fue a trabajar a una gran empresa para aprender las habilidades, crear las conexiones y ganar el dinero que necesitaba para efectuar el cambio que quería. En otras palabras, a diferencia de muchos otros jóvenes con buenos trabajos en empresas como Goldman Sachs, Google o BP, Adam no lo hacía por él mismo ni por el dinero.

«Después de un año, año y medio, me di cuenta de dos cosas. La primera es que las organizaciones sin fines de lucro que me apasionaban no estaban administradas con la agudeza empresarial que yo estaba acostumbrado a ver». No hay duda de que la mayoría de las organizaciones sin fines de lucro tienen buenas intenciones, pero según Adam: «Cuando estás dentro de una organización, te das cuenta de que son muy ineficientes. Se debe a que, por lo general, se basan en la pasión. Así que, por el lenguaje que yo hablaba, por lo que sabía de los negocios, me resultaba extraño y frustrante ver que los asuntos humanitarios no estaban siendo abordados con el mismo compromiso con los resultados».

Estar rodeado de tiburones con corbata le reportó otro beneficio. Adam se dio cuenta de que no quería ser uno de ellos, al menos no por mucho tiempo. «Me aburrí de que, al conocer personas en los bares, me preguntaran "¿en qué trabajas?" y tener que responder: "Bueno tengo 23 años y soy consultor". Es una conversación muy aburrida después de la quinta vez, más o menos. Tras vivir un año o año y medio en Nueva York como un joven soltero de veintialgo años, tenía lo que creía que era una vida genial. Vivía en un gran departamento, me invitaban a muchas fiestas, salía con varias chicas y tenía buenos amigos, pero no estaba en contacto con nada que no me sirviera solo a mí mismo».

Fue entonces cuando lo comprendió: «No quería ser consultor de gestión, quería ser alguien que construyera algo y, en específico, escuelas para niños en comunidades rurales de todo el mundo. Ese era quien quería ser». Ahora tenía las habilidades y el apoyo para lograrlo.

Bain permite a sus empleados tomar lo que llaman «pasantías con impacto social», con las que estos pueden adquirir experiencia práctica trabajando en importantes problemas educativos o de desarrollo durante seis o nueve meses. En pocas palabras, si superas los dos primeros años en la consultoría (lo que equivale al periodo de prueba y formación) y te promocionan a un tercer año, durante este te dejan salir y perseguir tu pasión. No te pagan, o al menos Bain no lo hace, pero puedes trabajar para cualquier programa o compañía que te reciba y esté aprobada (y que quizá te pague). Adam decidió que haría una de esas pasantías. En un inicio, pensó en trabajar con una organización llamada Cambodian Children's Fund, donde había trabajado como voluntario durante la universidad vendiendo playeras, organizando eventos o haciendo cualquier cosa que pudiera ayudar a esos niños.

Entonces, una noche fue a la Filarmónica de Nueva York por primera vez. «Nunca había ido a escuchar una sinfonía. Un hombre sube al escenario y empieza a tocar un concierto para piano, se adueña de las teclas. Exudaba tanta pasión por ese instrumento. Yo estaba hipnotizado».

No solo estaba hipnotizado, también le sirvió como inspiración. Adam quería sentir lo que el pianista sentía por su música con… cualquier cosa, en realidad. «Quería sentir esa pasión, quería sentirme vivo como él al conectar con su piano. Y en ese momento fue cuando el nombre llegó a mi mente: Pencils of Promise. Era el nombre perfecto».

Fue su momento Jerry Maguire. «Fui a mi casa, escribí en una hoja de papel todo lo que pude: la misión de una empresa, un acta constitutiva, un manifiesto, muchas ideas para recaudar fondos, las personas que podría contactar allá donde viajara y que creía que me ayudarían a construir la escuela, la primera. Estaba comprometido con la idea de construir una escuela y dedicarla a mi abuela, que ese año cumplía 80 años. Es una sobreviviente del Holocausto y superó muchísimas cosas para que yo pudiera tener una buena posición».

Unas semanas más tarde fue a un banco para abrir una cuenta. Le preguntó a la cajera cuál era el depósito mínimo; la respuesta fue 25 dólares. Adam lanzó Pencils of Promise con un cheque de 25 dólares y nunca miró atrás.

EL TIPO CORRECTO DE ROI

En la organización que creó, Adam combinaba su conocimiento de los negocios con fines de lucro con su idealismo sin fines de lucro, un modelo que llamó mi atención. Un par de años antes de conocer a Adam, supe que quería empezar a retribuir y a ayudar a otras personas fuera de mi negocio, pero no sabía qué hacer ni cómo. Después de conocer a Adam, decidí que su misión era algo que yo podía apoyar porque, aunque nunca me consideré una persona inteligente durante mi adolescencia, me atraía la idea de aprender, anhelaba conocimiento y valoraba todo tipo de educación en mi camino al éxito. Me involucré con la organización de Adam y doné dinero para construir una escuela en Guatemala.

Parte de la misión de Pencils of Promise es que la comunidad local se adueñe de su escuela. Para hacerlo, debe ser la comunidad quien la construya. La organización pone todos los materiales y a un contratista que tiene los conocimientos necesarios, pero son los padres de familia los que construyen la escuela. El resultado es que todos se sienten orgullosos y responsables de lo que construyeron. Al haber invertido el sudor de su trabajo, están decididos a que la escuela siga funcionando y se mantenga en buena forma. Amo esta misión y sigo estos principios en mi propio negocio y con mis estudiantes. Yo doy el contenido, el seguimiento, los materiales y las herramientas necesarias a través de mi pódcast, mis productos y mis servicios, pero «no hago el trabajo por ellos». Si lo hiciera, los estaría habilitando, en lugar de empoderarlos para que usen su propio genio y talentos para aprender las habilidades y ponerlas en práctica. De esta manera, pueden obtener recompensas y sentirse orgullosos y dueños de lo que crearon.

Hablar con Adam siempre es edificante e inspirador. «Aunque soy una persona que se guía por su pasión, mi experiencia me ayudó muchísimo porque ahora soy un emprendedor que filtra todas sus decisiones preguntándose: "¿Esto tendrá un ROI (retorno de la inversión) a largo plazo?"», explica. «Siempre quise que mi organización tuviera la cabeza de un gran emprendedor y el corazón de un idealista humanitario».

Piénsalo: Adam no se refiere a un retorno *para* él. Lo que quiere es saber cómo puede su organización ser de servicio para los demás y entregar todo el valor que pueda a la gente a la que debe servir.

He tenido una sensación similar al hablar con Ángel sobre su filosofía como CEO de Deckers. «Para mí, la grandeza consiste en estar ahí si la gente te necesita. Cuando vives de tal manera que ayudas a los demás es cuando alcanzas el éxito». Así es como Ángel trata de pensar y actuar como líder frente a más de 2300 empleados, cada uno con su propia historia, sueños, esperanzas y necesidades. «Deckers quiere darles a todos los que trabajan aquí la oportunidad, de la misma manera que yo la tuve, de vivir una vida que quizá supere sus expectativas o su realidad práctica, o tal vez algo con lo que sueñan y que no tienen los medios para alcanzar. Quiero decirles: "Aquí tienes lo que necesitas para lograrlo"».

Esto es lo que hace un verdadero líder, un individuo grandioso, ya sea en una organización con fines de lucro o en una organización con un propósito. No se trata de ti ni de lo que quieres o necesitas. Si quieres conseguir esas cosas, he aprendido que debes ayudar a los demás con sus necesidades y deseos activa y regularmente. Solo entonces, cuando te alejes del egoísmo, podrá prosperar tu equipo ganador.

En nuestro mundo egocéntrico es fácil creerse la mentalidad basada en el «yo». Siempre nos dicen que, para avanzar, tenemos que invertir en nosotros mismos y que, cuando lo «logremos», entonces podemos ayudar a los demás. Sin embargo, como demuestra la historia de Adam Braun, ayudar a los demás puede ser el vehículo para «lograrlo», siempre y cuando nuestro servicio y nuestra pasión estén armonizados. Sin servicio, los logros son insustanciales.

UNA VIDA MÁS LARGA Y ENRIQUECEDORA

James Clear, empresario y fotógrafo de viajes, escribió esto en su blog después de leer un artículo publicado en el *New York Times* en 2012 sobre la investigación en longevidad:

> El artículo no lo decía abiertamente, pero insinuaba que, conforme las personas envejecen, empiezan a consumir más y a crear menos. Diciéndolo sin rodeos, la manera más fácil de tener una vida corta y sin importancia es consumir el mundo que te rodea en vez de contribuir a él.
>
> Mientras tanto, las personas que contribuyen a él tienden a ser las que viven más. El mensaje es claro: la gente que contribuye a su comunidad es más longeva.

Si la grandeza no es una razón lo bastante buena para ser de servicio a otros, creo que James te ha dado el motivo más importante de todos: una vida más larga. Aun así, entiendo por qué no estás convencido. *Servicio* es una palabra cargada de significado. Por suerte, ser de servicio también admite muchas definiciones e iteraciones. No quiero decir que tengas que trabajar en un comedor de beneficencia, hacer voto de pobreza o trabajar con una organización sin fines de lucro.

Una de mis TED Talks favoritas es la de un hombre llamado Ron Finley, conocido como el «jardinero guerrillero». Durante muchos años ha plantado verduras en huertos urbanos en el sur de Los Ángeles. ¿Por qué? Por diversión, por su belleza, por la comida y para hacer una pequeña contribución a un vecindario que lo necesita desesperadamente. Me encanta porque no pide nada a cambio y tampoco espera que nadie le pague por sus servicios. Lo hace como un acto desinteresado de retribución para ayudar a que su comunidad sea más colorida y fructífera. Está orgulloso de ella y le agrega lo que él puede aportar. Me hace pensar de qué formas creativas podría ayudar a mi comunidad yo también.

Kyle Maynard es una persona de servicio para los veteranos de guerra, aunque él no es veterano y sus lesiones son biológicas, y no resultado de la violencia. Sin embargo, al conectar con esos veteranos, al buscar retos y metas más importantes, cumple el servicio de ser inspirador.

Shawn Johnson es representante de la Women's Sport Foundation, fundada por la leyenda del tenis Billie Jean King, en 1974, para mejorar las vidas de las niñas gracias al deporte y la actividad física. Shawn toma todo lo que aprendió en su éxito olímpico y del *ballet* para devolver el favor a la sociedad y ayudar a una nueva generación de niñas que pueden necesitar el mismo impulso que aquel niño de India necesitaba de Adam Braun.

El otro lado de mi amigo Aubrey Marcus, el CEO de Onnit, de quien tomamos el ejercicio de MISSING en el capítulo 5, consiste esencialmente en la enorme misión de servir a la humanidad explorando las posibilidades de la felicidad y la conciencia humanas. Quiere que todos excedan sus límites; trabaja sin descanso y altruistamente para lograrlo, investigando con dedicación la optimización humana y usando el éxito de su negocio de nutrición y bienestar para financiarlo.

Tengo el presentimiento de que muchos de los autores de los que he aprendido tanto hubieran escrito sus propios libros gratis si fuera necesario. No solo sentían que una musa los había inspirado y le debían al arte el poder expresarlo, sino que creían de manera genuina que el mundo debía escuchar su mensaje y sería un mejor lugar si lo hacía.

No creo que las organizaciones de beneficencia tradicionales sean la única forma de actuar con un propósito o de servir a los demás. Todos los días me despierto emocionado por mi pódcast, no solo porque permite que *yo* conozca a personas importantes, sino porque puedo prestar un servicio al actuar como mediador entre ellas y mi audiencia. Me permite aprender de ellas y que los demás también aprendan. Este pensamiento también me ayudó a terminar este libro.

Ese es mi punto: puedes ser de servicio siguiendo tu pasión. Y como Adam Smith escribió: «No es de la benevolencia del carnicero, del cervecero o del panadero de donde obtendremos nuestra cena, sino de su preocupación por su propio interés». Seguir tu pasión en vez de conformarte, pensar en ti mismo como parte de algo más grande, es el primer paso para ser de servicio a los demás. Pero espero que no te detengas ahí, sino que veas cómo aplicar tus dones a una causa más grande y darlos sin condiciones.

Al igual que muchas personas exitosas, recibo muchas invitaciones para tener juntas durante el almuerzo o me buscan empresarios que recién empiezan para que les dé algún consejo. Esperan que sea un *coach* gratuito, que los presente con otras personas o evalúe su plan de negocios. Soy una persona ocupada y mi tiempo es valioso, así que siempre está la tentación de decir: «Escucha, lo siento mucho, pero no tengo tiempo». ¿Quién podría culparme por negarme a dar ayuda gratis? La respuesta es *tú*. Si vamos a ser grandiosos, tú y yo tenemos que ser empáticos y ayudar a los demás. Debemos pensar: «Alguna vez yo estuve en esa situación y alguien me ayudó». Al igual que Kyle, Shawn, Aubrey y Ángel, siempre debemos tratar de devolver los favores recibidos.

No digo que debas dedicarles una hora de tu tiempo a todos los que te pidan un consejo, ¡o nunca conseguirás nada en tu propia vida si eres tan popular! Pero puedes tomarte unos minutos extra para ayudar a un nuevo compañero de trabajo. Tal vez sea señalar algo que está haciendo la competencia que pueda ayudarlos a mejorar. Quizá sea hablar en la escuela de tu hijo el día en que los papás explican sus profesiones. Tal vez sea escribir un artículo sobre un tema delicado que a las demás personas les da pena abordar. Tal vez sea sonreírle a un extraño en la calle o ayudarlo si se le cae algo. Para mí, fue empezar el pódcast *The School of Greatness* para poder ayudar a todas las personas para las que no tenía tiempo o a las que no podía ver personalmente.

Me tomó mucho tiempo entender lo crucial que era vivir una vida de servicio para llegar a la grandeza en cualquier disciplina. Adam Braun lo entendió desde una temprana edad y aprovechó esa visión en su increíble carrera como empresario social. Nelson Mandela lo expresó mejor cuando dijo: «No hay pasión en jugar sin arriesgar y en conformarte con una vida inferior a la que eres capaz de vivir».

Sin embargo, Adam se dio cuenta de que pensar en ti mismo, en tu cuenta bancaria o cualquier otra cosa es lo contrario a pensar a lo grande. En sus propias palabras: «Mi definición de la grandeza sería tener una vida llena de propósito, amor y dignidad».

Yo añadiría: *para ti y los demás.* Sé de lo que eres capaz. Sé que puedes ser de servicio de muchas formas.

EJERCICIO #1:

ELIGE TU CAMINO DE SERVICIO

Empieza a ayudar a los demás, ya sea con tu tiempo, tu talento o tu tesoro (dinero).

PRIMER PASO

Escribe algo sencillo que puedas hacer *hoy* para retribuir a tu comunidad, tu familia, tus amigos o a un desconocido. Tu ayuda puede empezar como un pequeño acto de amabilidad. Puedes abrirle la puerta a alguien, comprar flores para regalarlas, hacer un cumplido, pagar el parquímetro expirado de otra persona, ayudar a alguien que lo necesite o simplemente sonreír. Haz alguna retribución con un propósito positivo. Obtendrás de inmediato una recompensa solo por hacerlo, no importa si te ven o no.

Hacerlo de manera regular te llevará a tener una vida de servicio sin sentir que eso está perjudicando a otras áreas de tu vida. En cambio, sentirás que es acumulativo y que se vuelve una necesidad, como comer o respirar. Cuando tus actos diarios de amabilidad crezcan, puedes buscar una organización de beneficencia o una sin fines de lucro con la que te gustaría colaborar. Aquí hay algunos temas que podrían interesarte.

- Educación en tu comunidad.
- Arte (danza, música, teatro).
- Defensa de los derechos humanos.
- Programas de tutorías.
- Investigación contra el cáncer.
- Recaudación de fondos.

Las posibilidades son infinitas. Debes hacer lo que sea que te inspire o te llame. Si una organización no está funcionando para ti, ¡empieza la tuya! Todo es posible, así que empieza a involucrarte y pasa la voz. Hay muchas oportunidades. Deja de pensar en lo que dirá la gente o cómo te verá, y enorgullécete de involucrarte en el servicio que escogiste.

Si quieres ver algunas de las organizaciones en las que creo o leer más sugerencias, entra a schoolofgreatness.com/resources.

SEGUNDO PASO

Después de decidir a qué servicio te dedicarás, identifica cuál es la mejor manera en la que puedes ayudar con el tiempo, el talento y el tesoro de que dispones.

TIEMPO

Algunos de nosotros podemos ofrecer más tiempo y ser directamente voluntarios. Ofrece tu tiempo como voluntario en la organización que elijas. Sé constante —ya sea una actividad semanal, mensual o anual— para crear un hábito positivo.

TALENTO

Puede que tengas un talento que las organizaciones necesitan (tal vez eres un gran diseñador gráfico y encuentras a una organización que necesita ayuda para diseñar su logo o desarrollar su sitio web). Busca organizaciones y ofréceles tus talentos. Hay muchas que tienen una gran visión y trabajan muy duro todos los días, pero les resulta difícil encontrar al equipo correcto. Tú puedes marcar la diferencia.

TESORO

Si no crees que tengas el talento o el tiempo para ayudar directamente a una organización, las donaciones económicas tienen un gran impacto en las organizaciones pequeñas. Dar mil dólares a la Cruz Roja es genial, pero dar quinientos dólares al grupo de veteranos locales o a un grupo de apoyo a enfermos de cáncer puede cambiar su mes. Trata de comprometerte hoy mismo a hacer una donación mensual a una campaña o causa.

Ahora toma una decisión sobre cómo quieres involucrarte, escríbelo y haz que suceda. ¿Ofrecerás solo una «T» o las tres?

¡Elige en qué fecha vas a empezar y entra en acción!

EJERCICIO #2:

HAZ TU PRIMERA BUENA ACCIÓN

Directo y al punto, tienes que predicar con el ejemplo (con tu dinero, tu tiempo o tu talento). Este mes colabora con la organización que elijas. Puedes ayudar en un evento, organizando uno propio o donando dinero o bienes. Al igual que en el primer ejercicio, empieza con pequeños actos de amabilidad diarios y úsalos como base para seguir avanzando.

No solo te ayudarán a comprometerte en serio a apoyar, sino que te sentirás increíble al hacer el bien. Por supuesto, vale la pena compartirlo, así que una vez que te comprometas con tu buena acción, súbela a tus redes sociales y cuéntales a todos cómo te sentiste (usa el *hashtag* #greatnessbook). Es una muy buena manera de animar e inspirar a los demás para que también se involucren. ¡Lo único que es más contagioso que dar es la felicidad y la emoción que sientes al hacerlo!

CONSEJO DE ENTRENAMIENTO

Cuando entiendas que dar es clave en la vida, entonces harás que servir a los demás forme parte de todos tus días en lo que sea que hagas. No lo veas como una tarea extra. Si ese es el caso, no entendiste el punto. En vez de eso, entiéndelo como parte de quien eres, de en quien te has convertido y de tu manera de ser en cada momento de tu vida.

Tienes que respirarlo, tienes que llevarlo en tu sangre. En cada aspecto de tu vida debe haber un componente de servicio. Puede ser tan pequeño como sonreírles a todas las personas que te encuentres o tan grande y amplio como quieras. No hay un nivel correcto o incorrecto de ayudar; lo importante es dar desde el amor y no desde la culpa. La forma de asegurarte de hacerlo así es un pequeño truco que descubrí después de viajar por todo el país hablando y conociendo a personas como tú. Me recuerdo a mí mismo las instrucciones de seguridad que las aeromozas dan en el avión antes de despegar:

Póngase su máscara antes de ayudar a los demás.

Cuando estés seguro de que tus necesidades están satisfechas, entonces tendrás la energía para ayudar a los demás. ¡Sal ahí afuera y vive una vida de servicio!

CONCLUSIÓN

En 2012 me mudé de Nueva York a Los Ángeles por una chica. Llegué con dos maletas, una guitarra y una enorme sonrisa. Más tarde, esa misma noche, ella terminó conmigo. ¡Lo peor fue que, antes de mudarme, mi vida en Nueva York era genial! Mi negocio estaba funcionando bien, mis relaciones se estaban incrementando y estaba haciendo cosas increíbles todo el tiempo. Me sentía invencible. Esta mudanza a Los Ángeles por amor iba a ser mi siguiente conquista, pero más bien me pateó el trasero.

Aún no habíamos cumplido 30 años ninguno de los dos, así que nuestra ruptura no fue definitiva, por supuesto; regresamos y salimos de manera intermitente un par de meses más. Me comprometí a ser el novio perfecto, hice todo para que mi novia fuera feliz y que nuestra relación fuera saludable, pero sabía que no estaba bien, que no estaba funcionando. Nada en Los Ángeles estaba funcionando. Mi estado mental no era el correcto. Todo lo que estaba sucediendo me hacía sentir frustrado, confundido e inseguro del futuro. Pronto aprendería que, como dice mi amigo Kyle Maynard, somos tan buenos o tan fuertes como nuestras adversidades nos hacen serlo. A veces no sabemos qué nos está perjudicando hasta que cometemos nuestros errores más grandes, y yo estaba por descubrir que en el viaje a la grandeza a veces tienes que caer.

Una tarde, mientras jugaba basquetbol con amigos en las canchas cerca del condominio donde vivía, todo se vino abajo. Había estado cubriendo al mismo tipo todo el juego —él me superaba en edad y yo era mucho más pesado—, se había estado burlando de mí y soltándome codazos durante todo el juego. Soy un competidor incansable y lo he sido en todas las áreas de mi vida desde que tengo memoria. Puedo aguantar que se burlen y que me hagan faltas duras, es parte de la competencia. Pero este tipo estaba empezando a hacer que las cosas fueran personales, estaba tratando de imponerse. Quería dominarme, como un macho alfa.

Lo que él no sabía —y yo tampoco, en realidad— era que ese comportamiento es uno de los que me hacen estallar. Que me faltara al respeto y me deshumanizara me hizo ver rojo. Nos pusimos uno frente al otro. Hubo muchos gritos y gesticulaciones, literalmente hinchamos el pecho y lo golpeamos como si fuéramos gorilas tratando de mostrar dominancia. Estaba cegado por el enojo. No entendía por qué se había comportado así. Entonces lo llevó un poco más lejos y me dio un cabezazo en la cara. No fue un golpecito de advertencia, casi con cariño, como los que a veces se ven en la NBA cuando dos machos alfa se enfrentan después de una falta grave cerca de la canasta. ¡No podía creer lo fuerte que este tipo me había pegado!

Si nunca te han dado un cabezazo, ¡déjame decirte que *duele!* Hace que se te nuble la vista y que te lagrimeen los ojos. Y, si eres como yo, te hace perder la cabeza un poco. No estoy orgulloso de lo que pasó después, pero golpeé al tipo con toda la energía que pude reunir. Al final mi mejor amigo, Matt, con quien estaba jugando, sujetó al tipo al que yo estaba golpeando y el amigo del otro me llevó a un lado para separarnos. Por desgracia, las cosas no terminaron ahí. El tipo siguió burlándose de mí e insultándome, y yo le preguntaba a los gritos por qué lo había hecho. ¿Por qué me había dado un cabezazo? ¿Qué estaba pensando? ¿Por qué me atacó en medio de un insignificante juego de basquetbol?

Las preguntas eran retóricas, en su mayoría. Estaba hablando conmigo mismo, tratando de procesar lo que estaba sucediendo. Pero el tipo decidió contestar. No recuerdo lo que dijo, todo fue muy rápido, pero dijera lo que dijera, mi respuesta fue correr hacia él y pegarle una última vez tan fuerte como pude.

Fue uno de esos momentos que parecen sacados de una película. Las canchas de basquetbol quedaron en un silencio mortal salvo por mis gritos. A gritos, les estaba diciendo a todos que él me había pegado primero, y a él le gritaba por haberme atacado. Seguía sin poder entenderlo. Mi amigo Matt me dijo que debía irme de ahí antes de que pasara algo más, así que corrí. No, *volé* las cuadras que me separaban de mi casa, subí los once pisos a toda velocidad, entré a mi departamento hecho una furia y ya en mi cuarto me dejé caer en la cama, temblando sin cesar. ¿Qué había pasado? Me sentía fuera de control y estaba aterrado por mi comportamiento.

«Ese no soy yo. No soy un peleador. Aspiro a estar siempre en un lugar lleno de amor. ¿Por qué reaccioné así?».

Me repetía estas palabras una y otra vez. Los sentimientos con los que me veía obligado a lidiar eran por completo ajenos a mí. Tenía más de 20 años sin sentirme así, desde la última vez que tuve una pelea similar de niño. Acostado en la cama, viendo el techo, empecé a pensar en esa primera pelea. Me di cuenta enseguida de que las dos peleas habían sido prácticamente idénticas.

Ocurrió cuando tenía 12 años, en Ohio. Éramos tres y estábamos recogiendo hojas y hierba con un rastrillo en un camino del campo de golf donde trabajábamos ese verano. Dos de nosotros estábamos bromeando y armando alboroto. Jugábamos a rastrillar un poco de hierba, luego volteábamos el rastrillo y le aventábamos las hojas y la hierba al otro, casi como si recogiéramos y lanzáramos una pelota de lacrosse. Era una divertida peleíta de hierba. Decidimos que el otro niño debía unirse a nuestro juego. Era más grande que nosotros (tenía 15 años), así que no podíamos preguntarle —no sería *cool*—, teníamos que meterlo al juego. Los dos tomamos unas cuantas hojas y se las aventamos al mismo tiempo.

En ese momento empezamos a reír, pensando que se uniría a nuestro juego y nos respondería lanzándonos más hojas. Teníamos razón a medias. Cuando nos dimos la vuelta para seguir con la pelea de hojas, el niño de 15 años se acercó a mí por detrás y me golpeó en la cabeza. Estaba sorprendido, después un poco confundido, y al final furioso. En dos segundos, me di la vuelta y le pegué en la cara con mango del rastrillo. El golpe lo mandó al suelo y me abalancé sobre él. Lo golpeé tan fuerte como pude y le grité todo el tiempo, como en esa escena de la película *Una historia de navidad* en la que Ralphie por fin estalla y golpea a Scut Farkus.

Al final el otro niño se acercó y me separó de él con un doble nelson. Cuando logré que me soltara, corrí los más de 400 metros que había hasta el club, irrumpí por la puerta de empleados, me abalancé hasta llegar al baño y empecé a lavarme. Como si, al eliminar la evidencia y correr a casa antes de que alguien más me viera, aquello nunca hubiera sucedido. Mis nudillos estaban rasguñados y sangraban. Sangre, tierra y hojas cayeron al lavabo y se fueron por el drenaje. Cuando terminé y dejé de temblar, salí a la oficina y ahí estaba el niño de 15 años. Me gritaba: «¡¿Por qué hiciste eso Lewis?! ¡¿Estás loco?!». Apenas si lo escuché, me sentía enfermo del estómago por lo que había ocurrido. Al ver de lo que era capaz cuando dejaba que mis emociones se apoderaran de mí, en ese mismo instante prometí que no pelearía nunca más.

Logré mantener esa promesa... durante 17 años. Acostado en mi cama y mirando al techo, ahora con 29 años, pero con los mismos nudillos morados y llenos de sangre, conecté los puntos entre esos dos momentos y, al ver el paralelismo, me asusté. Tenía que hacer algo. Tenía que descubrir lo que me pasaba por dentro y por qué. ¿Qué me había ocurrido? Y, más importante aún, ¿cómo permití que pasara?

Dos meses más tarde, y como me sugirió mi amigo Quddus, a quien le conté de las peleas y de los problemas que estaba teniendo, me inscribí al taller de liderazgo de Chris Lee. No sabía entonces que para ser un líder eficiente es necesario tener inteligencia emocional, y de eso se trató el taller en su mayor parte. Charlamos sobre lo que detona la ira, sobre ser abiertos y vulnerables. Es de lo que hablamos en el capítulo 3, «Cultiva una mentalidad de campeón». ¿Por qué me convertía en Hulk cuando me atacaban injustamente? ¿Por qué sentir que me faltaban al respeto o se aprovechaban de mí me hacía estallar?

Chris me ayudó a identificar estas emociones en mi vida, me enseñó a ser vulnerable y abierto respecto a mi pasado. Entonces todo tuvo sentido. Se remontaba a cuando tenía 5 años y fui abusado sexualmente por el hijo adolescente de mi niñera. No entraré en detalles, porque este libro no se trata de eso.* Lo que sí diré es que después de abrirme y compartir esa experiencia con la audiencia de mi pódcast, me sorprendió la cantidad de amor y apoyo que recibí de todo el mundo. También me di cuenta de que mucha gente ha sufrido abusos sexuales en su vida. Muchos escuchas me enviaron *e-mails* con historias emotivas y desgarradoras sobre sus traumas de la infancia. Me rompe el corazón ver cuántas personas han tenido que experimentar lo mismo por lo que yo pasé.**

Antes de asistir a este taller, nunca le había contado esta historia a nadie. La guardé en mi interior por casi 25 años, tratando de olvidarla, de negar que hubiera pasado. Pero ya no podía seguir haciéndolo. Era lo que causaba que mi mente reaccionara ante ciertos detonadores que ahora estaban saboteando todas las áreas de mi vida: mis relaciones románticas, mis amistades, mis asociaciones de negocios y mi confianza y felicidad.

Con ayuda de Chris, me paré frente al grupo en su taller de liderazgo y compartí mi historia en público por primera vez. Fue una revelación. Había estado demasiado asustado, demasiado dolido y siendo demasiado superficial como para ver en mi interior y enfrentar mi pasado. Todos tenemos traumas, todos tenemos dolores secretos, todos cometemos errores. Es cierto. Quisiera que no lo fuera, pero así es.

Esas son las malas noticias. Las buenas noticias son que *también* somos capaces de ser grandiosos sin importar por lo

* Si quieres oír la historia completa de lo que comprendí acerca de esta experiencia y lo que ha tenido de positivo, mi querido amigo Jonathan Fields me entrevistó en el capítulo 61 de mi pódcast.
** Si eres hombre y has sido abusado sexualmente, visita 1in6.org para obtener más información y orientación. Para obtener apoyo general, visita rainn.org.

que hayamos pasado. De hecho, es nuestro pasado lo que nos hace ser quienes somos, y nuestras adversidades tienen el potencial de ser nuestra mayor ventaja. Por ejemplo, la crisis nerviosa que estaba viviendo y que había explotado ese año en la cancha de basquetbol me llevó a cambiar mi vida por completo. No sabía que tenía esa ira dentro de mí ni que era capaz de ser tan violento. Recordar y estar consciente de las historias que me había contado a mí mismo para justificar ese dolor fue clave para pasar de ser reactivo a responsivo. En mi interior, estaba muy decepcionado después de ese incidente y me comprometí a descubrir qué estaba evitando que yo fuera el hombre que decía y quería ser. Al aclarar y desintoxicarme de mi pasado, pude poner en corcondancia mis acciones y mis valores, y aprendí nuevas formas de presentarme ante el mundo que antes me parecían contrarias al sentido común: cosas como construir un entorno donde todos ganan, ver el poder de la vulnerabilidad, reconocer mis emociones y responsabilizarme de mi visión cada día de mi vida.

LA ESCUELA ESTÁ ABIERTA

Empecé el pódcast *The School of Greatness* en los meses que transcurrieron entre mi pelea en la cancha de basquetbol y el tiempo que pasé con Chris. Mi primer invitado fue Robert Greene, el brillante autor del libro *Las 48 leyes del poder,* un *bestseller* del *New York Times*; íbamos a hablar de su (entonces) nuevo libro, *Maestría.* Estar en presencia de Robert, un hombre que no solo escribió varios libros clásicos y atemporales, sino que influenció a raperos que han conseguido discos de platino en varias ocasiones, diseñadores de modas y líderes mundiales, fue inspirador.

Mientras platicábamos, Robert habló sobre el tiempo y la energía que se necesitan para volverse experto en algo. Le tomó décadas llegar a donde estaba, y les tomó lo mismo, si no más, a los grandes personajes de la historia sobre los que él escribía. Me habló sobre la importancia crítica de la formación y de aprender de otros maestros. De ahí tomé la idea de crear mi propio plan de estudios, de crear una escuela en la que pudiera estudiar y desarrollar todo mi potencial. El título de ese primer episodio de mi nuevo pódcast, *The School of Greatness*, fue «Cómo dominar cualquier habilidad y alcanzar la grandeza». Yo quería lograr esas dos cosas a como diera lugar.

Como cualquier cosa nueva en internet, al principio el pódcast tuvo altibajos. Yo iba aprendiendo sobre la marcha, probando cosas nuevas y resolviendo prácticamente solo los problemas que encontraba. No tenía idea de lo que estaba haciendo, pero tampoco sabía que no sabía, así que todo era posible. Poco después del taller de Chris, el pódcast *The School of Greatness* empezó a revivir con energía renovada. Mi público habitual notó un gran cambio en la forma en la que conectaba con mis invitados; era más abierto y dejé de ser egocéntrico. Había aprendido mucho de Chris, y las lecciones que aprendí acerca de mí mismo me habían cambiado la vida, literalmente.

Mi objetivo ya no era solo aprender de personas grandiosas e interesantes, sino tomarme en serio por fin la visión y las metas que tenía para mí mismo cuando era joven. Sí, había logrado varias cosas en la vida, pero no era completamente feliz. Sabía que podía hacer más. Sabía que quería más. Así que me serví de las mentes más brillantes del mundo. Me puse a sus pies y aprendí todo lo que pude.

Los capítulos que acabas de leer son la esencia de estos estudios. Son mis anotaciones de clase, enriquecidas con las experiencias y las adversidades que he enfrentado al tratar de integrarlas en mi vida.

De Ángel Martínez aprendí el poder de tener una visión clara. Me enseñó que *te conviertes en lo que visualizas que eres,* y nunca olvidaré esas palabras.

De Kyle Maynard y Nicole Lapin aprendí que no hay lugar en nuestras vidas para las excusas, sobre todo si nuestra meta es la grandeza. La grandeza es lo que pasa cuando tu talento y tu visión se enfrentan a las adversidades, y tú persistes para aprender el idioma de lo que es nuevo para ti, lo que desconoces y lo que te aterra.

De Shawn Johnson aprendí que la grandeza no consiste en subir a lo más alto del podio. Es la mentalidad de creer en ti mismo y en que puedes cumplir todas tus metas.

De mi hermano Christian aprendí que no debes avergonzarte de trabajar duro. Si quieres ser grandioso, debes esforzarte más y con más inteligencia. Cuando caigas —cuando alguien te diga que no—, debes poder levantarte, sacudirte el polvo y volver a intentarlo.

Desde Rich Roll, Chalene Johnson, Aubrey Marcus y Shawn Stevenson, hasta muchos otros maestros del *wellness* con los que he estudiado, aprendí la importancia de la salud física para alcanzar la grandeza, con independencia de cuál sea tu sueño o tu visión. Tienes la opción de moverte, de comer saludable y de dormir bien, pero si no tomas esa decisión pronto y te comprometes por completo, *será* un obstáculo que se interpondrá en tu camino a la grandeza, sin importar qué otras cosas hagas.

De mi viejo amigo Graham Holmberg aprendí que nunca es demasiado tarde ni hay esfuerzos insignificantes cuando de desarrollar y practicar hábitos positivos se trata, sin importar qué talentos tengas por naturaleza. Esos hábitos son la columna vertebral de la rutina que te acercará a la grandeza día tras día.

De Scooter Braun aprendí la importancia de crear y liderar un equipo ganador cuando persigues cualquier gran objetivo. Recuerda: crear lazos fuertes con personas grandiosas y que tengan energía positiva es fundamental en todos los equipos.

De Adam Braun aprendí el poder de prestar un servicio a otros, y que no tienes que esperar a conseguir todos tus objetivos para ayudar a los demás. De hecho, el servicio a los demás puede ser un camino para conseguir tus objetivos.

Y ahora que estamos cerca del final del libro, quiero decirte algo más: este no es el final del camino. Esta no es una escuela típica. No hay ceremonia de graduación, no hay receso escolar ni vacaciones de verano. La Escuela de la Grandeza es como el Hotel California: puedes hacer *check out* cuando quieras, pero no puedes irte. Lo que quiero decir es que estas lecciones te acompañarán siempre y nunca deberías dejar de aplicarlas.

También lo digo en el sentido de que no te pueden expulsar. Dios sabe que yo debí haber sido expulsado, vetado o dado por perdido debido a mi imperdonable y violento comportamiento. O me debieron haber obligado a superar un periodo de prueba por todas las veces que desistí y caí en viejos hábitos (a pesar de las lecciones de mis maestros). Sin embargo, no es así como funciona esto. No es así como funciona *la vida*.

La grandeza es una licenciatura voluntaria: es el propio alumno quien administra su estudio. Esto quiere decir que *todo depende de ti*. En la vida cosechas lo que plantas. Espero que intentes alcanzarla con todo tu ser. Espero que nos encontremos de nuevo mientras aprendemos del mismo maestro. En realidad, espero algún día poder tomar un curso contigo como maestro, y que tú tomes un curso conmigo.

Estamos juntos en esto. ¡Es momento de salir ahí fuera y hacer algo grandioso!

AGRADECIMIENTOS

Quiero agradecer a toda mi familia. Es una bendición tenerlos en mi vida y aprender constantemente de ustedes como hijo y hermano menor. A mi padre, Ralph, que me enseñó que el tiempo es una ilusión y que ni mi edad ni mi grado de experiencia importaban en mi camino a la grandeza. Apoyaste cada uno de mis sueños, me enseñaste que eran posibles y me ayudaste a hacer lo que fuera necesario para convertirlos en realidad. Eres el mejor padre que pude haber tenido y estoy muy agradecido por ser tu hijo. A mi madre, Diana: soy el hijo más afortunado del mundo y siempre apoyaste mis locas ideas, aunque a veces te asustaran. Gracias por dejarme jugar futbol americano por fin, a los 15 años, aunque tuvieras miedo de que me lastimaran. Me hice algunos moretones, pero viví años de diversión y las lecciones que aprendí del deporte me hicieron ser lo que soy hoy. A Chris: eres mi héroe y el hermano al que siempre admiré. Tu esfuerzo me enseñó a ser el hombre enfocado que soy ahora. A Heidi, mi protectora espiritual y la voz de la razón: gracias por abrirme el corazón y guiarme hacia el amor. A Katherine: sin tu apoyo cuando viví en tu sillón durante un año (sin que me cobraras renta), nada de esto habría sido posible. Eres la definición del amor incondicional.

A cada maestro, supervisor o entrenador que tuve durante mi estadía en las escuelas del Principia College: gracias por proporcionarme estructura y guía, que era lo que más necesitaba en ese tiempo. Ejemplifican una vida de servicio. A Brian Morse, Tom Bania y Ann Pierson, ¡gracias!

Siete años antes de publicar este libro, leí *La semana laboral de cuatro horas*, de Tim Ferriss, lo que hizo que emprendiera mi viaje. Gracias, Tim, por abrir mi mente a lo que es posible para poder crear la vida de mis sueños.

A mi agente, Stephen Hanselman: gracias por creer en mí. Fuiste un apoyo para mi visión de escribir el libro que siempre quise publicar. Tu guía ha sido fabulosa, y esta obra no habría sido tan buena sin ti. A Glenn Rifkin, Ryan Holiday, Nils Parker y Heidi Howes: gracias por tantos meses de apoyo en la creación, organización y edición de este libro para que el mundo pueda recibir mi mensaje de una forma eficaz.

A Marisa Vigilante, Mary Ann Naples, Gail Gonzales, Yelena Nesbit, Aly Mostel (junto con Amy Stanton y su equipo) y al equipo completo de Rodale, junto con Jeffrey Capshew, Melissa Miceli, Holly Smith, Elena Guzmán, Nora Flaherty, Patti Hughes, Eve Fitzgerald, ¡y el resto de su increíble ejército! ¡Gracias por las innumerables horas que me dedicaron y el apoyo para lograr que este libro saliera al mundo!

A mis tres mentores principales, Stuart Jenkins, Frank Agin y Chris Hawker, quienes creyeron en mí cuando estaba en la ruina y roto, sin nada más que un sueño. Todos ustedes se ofrecieron a ayudarme desde el inicio, cuando más lo necesitaba. Siempre estaré agradecido por su apoyo y por darme tanto en un momento en que yo no podía darles nada.

A mi equipo, que me apoyó un sinfín de horas mientras escribía este libro: Matt Cesaratto, Sarah Livingston, Brittany Rice, Christine Baird, Aja Wiltshire y Diana Howes: ¡gracias! ¡Juntos estamos teniendo un poderoso impacto en el mundo!

A Ian Robinson: gracias por guiarme desde el principio con la edición de mi pódcast. A Pat Flynn, Dereck Halpern, Ramit Sethi, James Wedmore y John Lee Dumas: gracias por la inspiración para lanzarlo.

A todos los que me han acompañado en el pódcast *The School of Greatness*: ¡esto no sería posible sin su increíble sabiduría y las lecciones que compartieron con todos nosotros!

Robert Greene, Bob Harper, Tim Ferriss, Bryan Clay, Graham Holmberg, David Anderson, Grant Cardone, Drew Canole, Rich Roll, Jamie Eason, Alex Day, Lissa Rankin, John Romaniello, Adam Bornstein, Adam Grant, Ben Nemtin, Don Yaeger, Kyle Maynard, James Altucher, Pat Flynn, Shawn Johnson, Jon Acuff, Jeff Spencer, Quddus Philippe, Carl Paoli, Leyla Naghizada, Tony Blauer, Ameer Rosic, Chris Hawker, Travis Brewer, Mignon Fogarty, Nick Onken, Aubrey Marcus, Chris Lee, A. J. Jacobs, Marc Ecko, Derek Halpern, Danielle LaPorte, Gary Vaynerchuk, Guy Winch, Daniel Negreanu, Sean Stephenson, Christian Howes, Adam In-Q, Josh Shipp, Simon Sinek, Marc Fitt, Charlie Hoehn, Steven Kotler, Liz Wolfe, Adam Braun, Alison Levine, Chris Ducker, Simone de la Rue, Glennon Melton, Jennifer Paige, Alexis Carra, Ryan Holiday, Bryan Bishop, Noah Kagan, John Jantsch, Joe De Sena, Timothy Sykes, Carmine Gallo, Chris Bailey, Jason SurfrApp, Jordan

Harbinger, C. J. Baran, Ramit Sethi, Bo Eason, Tucker Max, Branden Hampton, Brendan Schaub, A. J. Roberts, Brett McKay, Scott Barry Kaufman, Jim Afremow, Chris Guillebeau, Hunter McIntyre, Chalene Johnson, Dave Asprey, Mike Michalowicz, Tim Larkin, Christine Hassler, Dan Schawbel, Kevin Kelly, Krista Tippett, D. J. Irie, Kelly Starrett, Tim Ryan, Daniel Amen, Vanessa Van Edwards, Bill Harris, Ryan Blair, Jairek Robbins, Tony Robbins, Robbie Rogers, Michael Hyatt, Rory Vaden, Jim Kwik, Yuri Elkaim, Scott Harrison, Keith Ferrazzi, Baratunde Thurston, Eric Thomas, Shawn Stevenson, Ángel Martínez, Michele Promaulayko, Scooter Braun, Nicole Lapin, Donald Schultz, Mikkel Svane, Vani Hari, Marie Forleo, Peter Bregman, Marc Goodman, Jack Canfield, David Allen, Kabir Sehgal, Julianne Hough, A. J. Hawk, Todd Kashdan, Amanda Enayati, Eric Greitens, Abel James, Jeff Goins, Than Merrill, Dorie Clark, Lee Cockerell, Dale Partridge, Amy Wilkinson, Rob Bell, Jay Papasan, Cassey Ho, Sally Hogshead, Arianna Huffington, Kristina Carrillo-Bucaram, Bill Phillips, Jeff Krasno, Gretchen Rubin, Matthew Hussey, Darren Hardy, Kimberly Guilfoyle, Dan Millman, Donovan Green, Suzy Welch, Justine Ezarik, Jacob Lief, Tom Bilyeu, Prince Ea, Nick Symmonds, Rick Hanson, Laird Hamilton, Gabrielle Reece, Jackie Warner, Fabio Viviani, Bryan Johnson, ¡y a todos los invitados del futuro que inspirarán al mundo!

A todos mis amigos y seguidores, ¡gracias por estar ahí y por inspirarme en cada paso del camino!